形意八卦雙手劍

劉龍昌 著

圖解動作╳歌訣要領╳完整套路，
招式背後的能量流動，將武藝精神代代傳承

形意拳╳八卦掌╳雙手劍

傳統劍法再升級，中華武術新套路；

目錄

部分武術界前輩、好友為作者題字留念

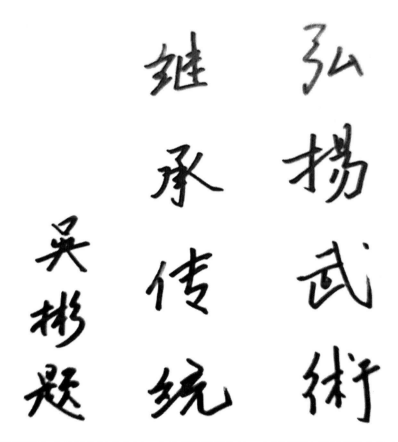

原國際武術聯合會技術委員會主任、北京武術隊總教練、中國武術九段吳彬先生為本書題字

部分武術界前輩、好友為作者題字留念

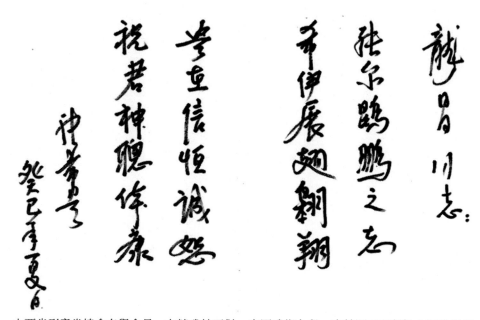

山西省形意拳協會名譽會長、中華武林百傑、中國武術九段、中華渾元門創始人張希貴先
生為作者題字

貽昌：

不斷探索

繼續提高

賈宝壽
2013.下

原山西省形意拳協會名譽副主席、晉中市武術協會副主席、介休市武術協會主席、中國武
術八段賈保壽先生為作者題字

弘揚中華武術　振奮民族精神

原山東省高校武協副主席、山東師範大學體育學院民族傳統體育系主任、中國武術八段、
鴛鴦門第二代掌門姜周存先生為作者題字

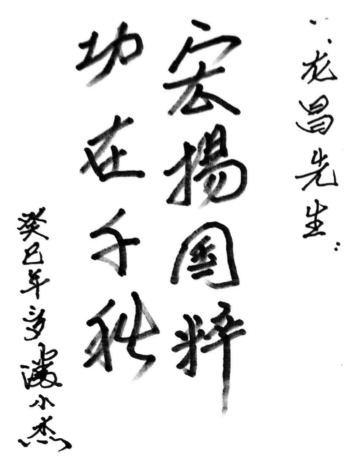

徐州武當拳法研究中心主任、中國武術八段潘小杰先生為作者題字

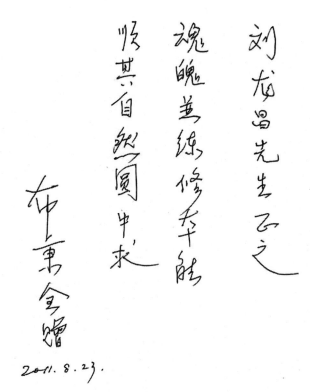

劉龍昌先生正之

魂魄並練，修至能

順其自然圓中求

布秉全贈

2011. 8. 23.

山西省形意拳協會顧問、中國武術八段布秉全先生為作者題字

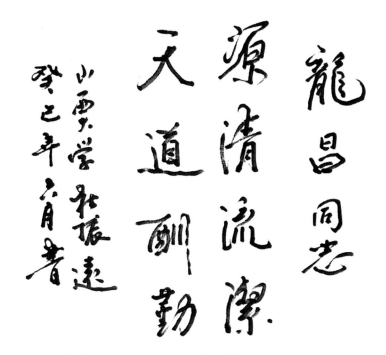

龍昌同志

源清流潔
天道酬勤

山西大學　杜振遠
癸巳年六月書

山西省形意拳協會副主席、山西大學武術教授杜振遠先生為作者題字

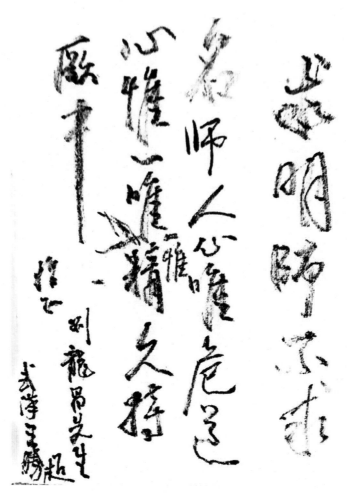

武漢形意拳研究會會長、中國武術七段王勝超先生為作者題字

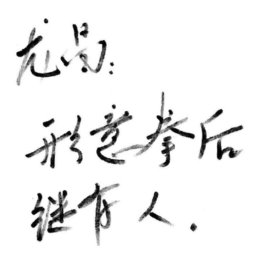

尤鵬：

形意拳后

継有人。

牟柄珊

2003.7

山西形意拳協會委員、山西省武術協會鞭桿委員會副會長、山西形意名家宋存旺先生為作
者題字

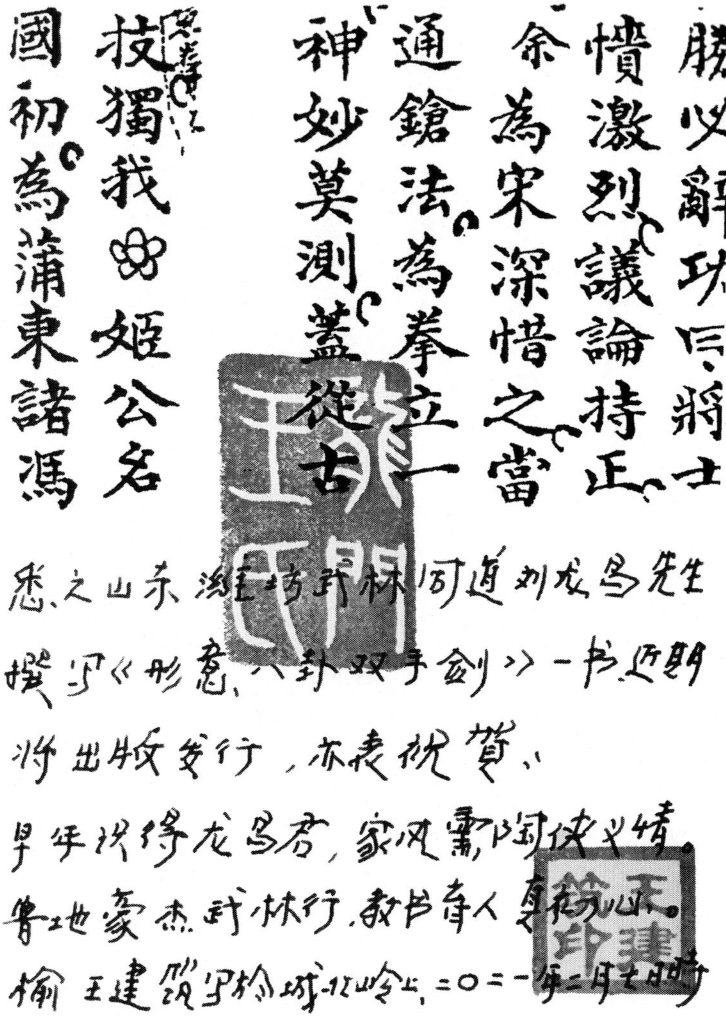

勝必辭功與將士
憤激烈議論持正
余為宋深惜之當
通鑑法為拳立一
神妙莫測蓋從古

技獨我 姬公名
國初為蒲東諸馮

恭之山東濰坊武林同道刘龙马先生
撰写《形意、八卦双手剑》一书近期
将出版发行，亦表祝贺。
早年识得龙马君，家风熏陶侠义情。
鲁地豪杰武林行，教卢传人更在心。
榆 王建筑写於城北岭上，二〇一一年二月七日晴

山西心意六合拳名家、榆次武協主席王建築先生為作者題字

翟起康先生為作者題字

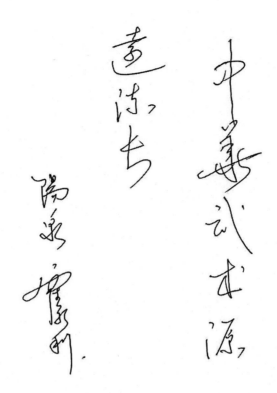

山西戴氏心意拳名家霍永利先生為作者題字

山西省形意拳協會副主席范國昌先生為作者題字

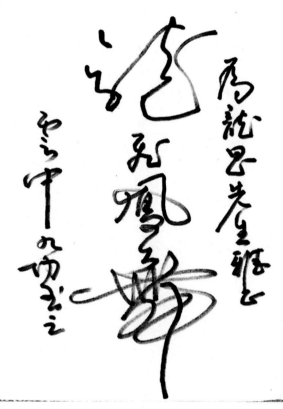

山西省形意舉協會副祕書長、大同市形意拳協會主席、中國武術七段張九功先生為作者題字

序一

「劍乃百兵之君」，劍身為雙刃，較單刃者難練。劍有長劍短劍、單劍雙劍之分，更有單手與雙手握劍之法。顧名思義，雙手劍即雙手握劍柄演練與應用之大劍，無論尺寸、重量都大於單手握劍柄的單劍，對習練者武術基本功和身法要求較高，故習練者較少。古之雙手大劍多用於戰場的近身劈、刺等攻殺，近代以螳螂門達摩劍為主要代表，但古今對於雙手劍的論著頗少。

喜聞我之摯友山西形意大師賈保壽先生之愛徒、山東濰坊的劉龍昌欲出版《形意八卦雙手劍》一書，甚為高興。我二人於 2015 年保壽先生八十大壽之時有緣見面，並住同一飯店，透過交談發現該後生人正品端、謙虛好學，並得知其一直從事武術教學訓練，培養了許多優秀學生，且每年都不遠千里赴山西向師父和眾形意、八卦前輩求教，可謂中華武術之痴迷者和武學後輩中的佼佼者。

近日，先睹龍昌後生《形意八卦雙手劍》一書之初稿，甚為欣慰，該書立意新穎、條理清晰、圖解清楚、動作規範，並對其中較為複雜或難度較大的動作進行多角度圖解，可謂新穎實用，更有利於學者的學練。

本套劍法是龍昌在傳統劍法基礎之上結合自己多年習練形意、八卦等功法體悟創編而成的雙手劍套路，難度較大，習練本套劍法須有形意、八卦和劍術等功法基礎才能更好地掌握，從而領略雙手劍法的真意。學練本劍術套路如能得到面授技藝則能更好地掌握本套路的風格、細節、要領，如只參照書本學習則只能初步掌握其動作，很難掌握其精髓。

　　最後，祝願龍昌的《形意八卦雙手劍》一書在各界同仁的鼎力幫助之下能順利出版，也祝願這位後生能在武術造詣上更上一層樓。

吳彬

2019 年 10 月 22 日

序二

喜闻爱徒刘龙昌《卅宫·八
卦双手剑》将要出版发行，我
很高兴，表示祝贺，龙昌这孩子
天资聪颖，酷爱武术，有悟性
肯下功，提高快，中华武术博
大精深，希继续努力，潜心
所练，不断体悟，精益求精，
生传承，发展中华武术方面，
取得更大的成绩。

贾保寿
2017.下

序三

　　雙手劍自古有之，是中華武術百花園中的一顆亮麗的星辰。關於它何時出現，儘管沒有太多詳實的史料記載，但我國唐代就盛行過，作為我們今天看到和演練的一種劍術套路，著實已經存在 100 多年了。其中，尤以山東籍已故著名武術家、電影表演藝術家于承惠先生最具代表性和影響力。儘管如此，就雙手劍的著述來看，愛之者眾，但可以閱讀的著述卻少之又少。

　　雙手劍套路作為現代武術程序化的劍術套路，它以劍的基本技法劈、刺、撩、點等基本動作為基礎，較之我們常常說的劍術更加具有攻防意義上的實用性和演練上的藝術性。因此，從電影《少林寺》上演以來，想要學習雙手劍的武術運動員和武術愛好者大有人在，但很多人都是因為缺少這方面的資料和教材，而感到困惑和無奈。

　　今天看到師弟的這本圖文並茂的《形意八卦雙手劍》，著實讓我眼前一亮。一方面他為我們學習雙手劍提供了一個可以參考的基本套路；另一方面我們也從這本書稿中看到了他不斷求索、求真、求新和融通的態度和精神。

　　師弟龍昌，幼承家學，先隨其父習練武術基本功，後拜濰坊當地武術名師張尚民和昌濰師專體育系主任、中國武術八段、鴛鴦門第二代傳人周效文兩位先生為師，習練長拳、少林拳、形意、八卦、太極、通背等拳械，多次在山東省內外武術大賽折桂，所教弟子和學生在省、市、全國武術大賽中奪得金牌或一等獎 300 多個，並有多人考入北京體育大學等省內外知名高校。

　　龍昌是一位名副其實的武術踐行者。他精通大量的國家普及和推廣的

競技武術套路，熟習諸多山東地區流行的傳統武術拳種和流派，是一位享譽齊魯大地的優秀教練員、裁判員和武術工作者。

　　1998 年龍昌師弟與我的師父山西省形意拳協會名譽副主席、著名形意和八卦大師、中國武術八段、宋氏形意「維」字輩傑出傳人賈保壽先生結緣，歷經 15 年之考驗，於 2013 年在北京形意拳研究會原會長唐振榮先生主持下拜入賈師門下，成為宋氏形意「武」字輩傳人。至今，他每年都遠赴山西向先生求教形意八卦拳械諸藝，深得賈保壽先生寵愛。特別是在對先生的《形意八卦拳》套路的技術嫻熟掌握基礎上，融會貫通傳統劍術技法所創編的《形意八卦雙手劍》更是折射出其在武術方面的天分和聰慧。

　　縱觀全書內容，立意新穎、圖文並茂、章節有序、圖解清晰、動作規範，加之他的雙手劍演練展示，呈現出起承轉合的布局，令人感覺行雲流水、輕靈悅目。所以，我認為該書一定能成為一本好的雙手劍愛好者學習和演練雙手劍套路的教科書。在我看來，這本書是具有時代意義的武術技術的創造性轉化和創新性發展的成果。

　　該書的出版定會對雙手劍的傳播、普及和推廣造成催化作用。

　　是為序。

湖北省楚天學者特聘教授
武漢體育學院博士生導師
2020 年 11 月 11 日

自序

　　中華武術源遠流長，代有英才，激起了無數仁人志士對它的熱愛、痴迷。歷代民族英雄無不身懷絕技、正義凜然，留下了無數可歌可泣的故事，激勵著後人傳承弘揚中華武術這一瑰寶。1980年代初，中國功夫片《少林寺》風靡中華大地，全國上下習武之風愈濃。

　　余自幼受家父影響，酷愛武術。幼時隨父習練十路彈腿等基本功，後有幸於1985年從學於濰坊當地著名拳師張尚民先生。張師是我國著名武術家沙國政先生1970年代在濰坊收的得意弟子，較為全面地繼承了沙老的形意、八卦、太極、通背等拳械理法，為濰坊市武協形意拳研究會首任會長。隨張師習武至今，自知悟性一般，加之身體素質並無過人之處，所以暑往寒來未敢間斷，從下腰、踢腿、打拳到站樁、試力、單操等無不認真揣摩，反覆研練。

　　1992年余正讀高中二年級，得知武術項目能作為體育專項參加體育專業高考，興奮異常。是年冬，有幸拜學於鴛鴦門第二代傳人、中國武術八段周效文先生門下，習練國家規定拳械套路。周師曾任山東省高校武協副主席、昌濰師專體育系主任。周師為人正直，教學嚴謹，且尤重武術基本功和武術教學法，並總能以身作則，示範講解規範到位。1992年冬，余協助周師創建昌濰師專校武術隊，並於1993年9月以武術專業考入昌濰師專體育系，在求學的同時任周師的助教。幾易寒暑，1992至1995年一直陪伴周師左右，在學練武術基本功、長拳、太極拳和教學訓練等方面均受益匪淺，直至今日還經常去老師家中就訓練教學中遇到的困惑求教。

　　自1996年起，余多次參加山東省、全國、國際傳統武術大賽，並屢獲金牌或一等獎，在全國傳統武術界初露鋒芒。在參加全國武術大賽和交

流的同時，有幸結緣眾多武林前輩，如中華武林百傑、武術九段、中華渾元門創始人張希貴先生（2018 年拜先生為義父），山西形意名家苗樹林先生，山西車氏形意拳傳承人、武術八段高寶東先生，山東師範大學武術系主任、鴛鴦門二代掌門、中國武術八段姜周存先生等，並得到諸位前輩的無私教誨。其中恩師賈保壽先生就是在參加 1998 年全國形意拳規定套路培訓班時有緣相識的。我與恩師志趣相合，歷經 15 年的考驗期，於 2013 年 8 月拜入賈師門下，至今已向賈師學得形意八卦拳、龍形劍、形意十二形、形意鞭桿、形意盤根、麟角刀、忠義大刀諸藝。雖與賈師相隔千里之遙，但每年總能在工作之餘探望恩師，並向恩師學練形意、八卦等拳械及其內功心法，使余對形意、八卦等內家拳有了更為深刻的理解。

　　劍乃百兵之君，余在眾多兵器中對劍術情有獨鍾。本套雙手劍法，就是在傳統劍術套路基礎之上，融入形意、八卦等功理功法，結合自身 30 餘年練功體悟，幾經完善創編而成的全新雙手劍套路，並定名為《形意八卦雙手劍》。因本人水準有限，加之時間倉促，難免有諸多不足之處，還請各位武林前輩、老師和同道多多批評指正。

劉龍昌於鳶都

2019 年 6 月 16 日

概述

　　許慎《說文解字》：「劍，人所帶兵也。從刃，僉聲。」劍，檢也，所以防檢非常也。劍器，脊直，雙刃，用劍以刺撩為主，風格輕靈灑脫。劍柄上佩劍穗的稱為「文劍」，無劍穗的稱為「武劍」。「南有少林刺虎劍，北有雙把劈刺劍」，中華雙手劍，又稱雙把劍，是先秦劍文化的寶貴遺產。據傳，雙手劍的始創者是秦始皇，唐代李賀就有「秦王騎虎遊八極，劍光照空天自碧」的詩句。中國劍道博大精深。漢代，以產良劍而聞名的地方很多，並出現了諸多以鑄劍而聞名的能工巧匠。由於當時擊劍成風，出過諸多聞名天下的劍術高手，也出現了專門探研劍術的論著和鑑定劍刀優劣的相劍者。劍的黃金時代，自然造就了鑄劍家、劍術家、相劍家的共興並存。

　　雙手劍法歷史悠久，源遠流長，在冷兵器時代發揮了重要的作用，在歐美也有廣泛的流傳。它主要是以雙手握持劍柄進行演練與攻防應用的一種劍法。雙手劍劍身較單劍要長，屬於大劍、重劍，長度一般為 1.2 公尺－ 1.4 公尺，也較單劍重，一般為 1.5 － 2.5 公斤，現代武術比賽和表演為了增強表演效果可適當減輕重量，當然也可根據個人實際情況訂製。雙手劍的劍身和劍柄在實戰中兼用，較單劍更為剛猛，所以較難掌握。中國古代就有雙手劍的流派與劍法名家，近代以螳螂門的達摩劍和柳葉劈刺劍為主要代表，特別是現代已故雙手劍名家、著名影視武打明星于承惠先生使我國雙手劍名揚世界武壇。

　　本書的雙手劍套路是在傳統劍術基礎上結合本人自身多年的練功體悟創編而成，該套路在勁力上突出了形意的整勁、透勁，在身法、步法上突出了八卦的活與變，步型上則以形意三體式為主，整套劍的演練充分突出

形意、八卦的技術和風格，因而本書定名為《形意八卦雙手劍》。本書由上下兩部分構成，上部是「傳承」部分，主要包括：我的三位師父、形意一脈、八卦一脈、本人的形意和八卦傳承譜系四部分內容；下部是「功法」部分，共由四章構成，第一章為基本技術，第二章為形意五行劍單練，第三章為完整套路，第四章為歷代劍術論著、詩詞摘錄。

習練本雙手劍套路需要有形意、八卦、螳螂和普通劍術等方面的基本功。本套劍法主要包括形意拳法中的劈、鑽、崩、炮、橫和傳統劍術中的點、崩、刺、撩、掛、壓、帶、雲、截、格、絞等劍法，且絕大多數劍法是透過雙手持握劍完成，演練難度較大，對身法要求很高；步型主要包括：三體式、登山步、弓步、虛步、歇步、雞形步、獨立步、丁步、倒插步等；勁力主要展現快、透、整等；身法則融合形意和八卦的工、順、整、活、圓、變等。整個套路共有 62 個動作，分為四段，動作演練路線為直線與菱形相結合，在演練時可根據場地實際情況進行步法和個別動作的調整，以達到充分發揮，演練時既要展現雙手劍的剛猛和實戰性，又不失其劍似游龍的瀟灑飄逸。

雙手劍術雖流傳已久，但關於雙手劍的論著和參考圖書卻非常稀少，為更好地繼承發揚雙手劍術，本人根據多年個人習練和體悟寫成此書，並根據本套劍法創編了〈形意八卦雙手劍歌訣〉，以便為廣大雙手劍愛好者提供參考。自創編套路至今，我和弟子們在省內外武術大賽中多次折桂，許多武林前輩、專家對本套雙手劍法也給予了充分的肯定，但因本人水準有限，加之時間倉促，所以本書尚有許多不足之處，敬請各位武術界前輩和同仁多提寶貴意見，本人將不勝感激！

劉龍昌
2020 年 10 月

上部傳承

傳，傳遞，這裡是傳授的意思。承，托著，接著，這裡是繼承的意思。傳承，泛指對某某學問、技藝、教義等，在師徒間的傳授和繼承的過程。

我的三位師父

恩師張尚民先生
（1944.05-）

張師德藝雙馨，2017 年被濰坊市武術協會評為首批「濰坊市武術名家」。上世紀 70 年代，張師有幸結識我國著名武術家沙國政先生，向沙老較為系統地學習了形意、八卦、太極等內家功法、拳械和實戰技擊等。自 1991 年至今，張師曾多次出訪愛沙尼亞共和國，並得到愛沙尼亞總統的親自接見，收了許多洋弟子。張師 1993 年創辦了濰坊第一家武館——濰坊武館，現更名為鳶飛武館。2017 年 1 月 21 日濰坊市武協形意拳研究會成立，張師任首任會長。

恩師周效文先生
（1939.03-）

周師字子彬，現為中國武術八段，鴛鴦門第二代傑出傳人，曾任山東省高校武協副主席、昌濰師專體育系主任、武術教授，主編山東省師範院校體育專業武術教材，並有《太極拳》等專著，治學嚴謹，待人友善，在武術教學訓練等方面有較高建樹，培養的弟子、學生遍布濰坊的大專科院校和普通中小學，為濰坊武術教學戰線培養了大批的師資力量。周師 90 年代初在濰坊市老年體協的大力支持下全面推廣太極拳、劍的國家規定競賽套路，為濰坊市太極拳的推廣和普及做出了突出的貢獻。

恩師賈保壽先生
（1936.08-2023.06）

賈師是山西省著名武術家、形意拳大師，宋氏形意拳「維」字輩傑出傳人，師承形意名家趙永昌先生，是山西省首批專業武術運動員。現為中國武術八段、國家一級武術裁判，曾任山西省形意拳協會名譽副主席、介休市武術協會主席兼名譽主席，出版《龍形劍與八卦劍》、《形意八卦拳》等多本專著。先生品德高尚，為人開朗，風趣幽默，且拳理精通，功力深厚，技藝精湛，獨具一格，特別是形意拳十二形、三皇炮捶、麟角刀、三門棍、龍形劍、繩鏢等在中國武林界獨領風騷，培養的徒子徒孫在全國傳統武術大賽中屢獲金牌，眾多弟子在武術界影響頗大。

形意一脈

形意祖師李洛能（公元 1808 － 1890 年），名飛羽，字能然，世稱老能先生，清代直隸深州人，生於嘉慶年間。在山西太谷經商期間，學習戴氏心意拳，十年大成，藝成得悟，將「心意」改為「形意」，形意之名由此開始，形成了養生與技擊並行不悖的武術瑰寶，時人尊稱先生「神拳李能然」。李師公元 1838 － 1849 年來往於山西、河北等地，廣收門徒，其中車永宏、宋世榮、宋世德、郭雲深、劉奇蘭、劉曉蘭、賀運亨、李廣亨並稱形意門八大弟子。

車永宏（公元 1833 － 1914 年），字毅齋，李洛能八大弟子之一，人稱車二師傅，山西省太谷縣桃園堡村人，後移居太谷賈家堡村，師承李洛能先生。戴龍邦先生晚年家居，車毅齋時往受教，盡得其傳，曾獲清「花翎五品軍功」。

劉奇蘭（公元 1819 － 1889 年），字奇翡，河北深縣人，清末著名武術家，李洛能八大弟子之一，精於十二形的龍形，絕技為「龍形搜骨」，為河北派形意拳最主要的傳承者之一。

宋世榮（公元 1849 － 1927 年），字約齋，號鏡泉，直隸宛平（今北京大興區）人。宋世榮和他的胞弟宋世德（公元 1857 － 1921 年），人稱二宋，都是宋氏形意拳宗師。宋世榮得到《內功四經》之後，反覆精研習試，並結合家藏《易筋》、《洗髓》二經，於內功方面專心研究，其後又融會太極、八卦諸拳，獨創內功精深、發勁（力）獨特、別具風格的宋氏形意拳。

宋鐵麟（公元 1885 － 1979 年），名國祥，祖籍河北。他自幼隨父遷至山西太谷縣城定居，並從其父宋世德及伯父宋世榮專習家傳之形意拳，一生好武，技精而性善，在形意拳的發展上做出了不可磨滅的貢獻。

李存義（公元 1847 － 1921 年），人稱「單刀李」，原名存毅，字肅堂，後改名存義，字忠元。生於清道光二十七年，河北省深縣南小營村人。中年師從形意拳名家劉奇蘭學藝，後至京與程廷華等為友，並兼從董海川習八卦掌，其八卦掌技藝多為程廷華所授。曾任兩江總督督標把總，後至保定開設萬通鏢局，兼收徒授藝。

張占魁（公元 1865 － 1938 年），字兆東，生於河北省滄州河澗縣後鴻雁村。光緒三年（公元 1877 年）秋，結識了直隸深縣李存義，並義結金蘭。師承劉奇蘭，晚年融形意和八卦於一體而創形意八卦，對後世形意拳、八卦拳的發展與傳播貢獻極大。

姜容樵（公元 1891 － 1974 年），現代著名武術家、武術教育家、武術理論家。尤精通武當、八卦、形意、太極，以及張占魁所創形意八卦拳等內家拳法。一生精武通文，著作頗豐，形意著作有《寫真形意母拳》、《形意拳八式、雜式錘合編》、《形意百形拳》等。

沙國政（公元 1904 － 1993 年），名書謨，山東省榮成市人。武術家，高級武術教練，骨傷科專家。先後師從姜華亭、劉光興、翟樹珍、王者政、姜容樵等，精研太極、八卦、形意、通背諸門拳械，先後創編形意大連環、形意散手炮對練等套路，著有《形意雞形拳》等。

趙永昌（公元 1921 － 1993 年），山西省祁縣東觀鎮人，自幼跟隨宋鐵麟先生學練形意拳。深悟宋氏形意拳真諦，在拳理、勁力、內容等方面有所創新，充實和發展了宋氏形意拳，為著名宋氏形意拳傳人。

周永祥（公元 1910 － 2004 年），山東濰坊人，師承李存義高足田鴻業，1962 年至 1986 年，周永祥在山東師範大學體育系任教。1999 年，周永祥被授予中國武術八段稱號，曾仕全國武術協會委員、山東省武術協會委員、山東省高校武術協會名譽主席、濟南市武術協會主席、全國高等學校教材編審委員會委員。1992 年，與弟弟周永福在濟南創立鴛鴦門。

周永福（公元 1913 － 2015 年），山東濰坊人，中國近現代武術家，師承李存義高足田鴻業，曾任中國武術協會裁判委員會委員、山東武協委員、齊魯武術院顧問、山東大專院校武協顧問、山東省武術培訓學院副院長、青島武術培訓學院副院長。2006 年被授予中國武術九段稱號，1992 年，與哥哥周永祥在濟南創立鴛鴦門。

八卦一脈

　　八卦祖師董海川（公元 1797 — 1882 年），生於清嘉慶二年，原名董明魁，河北省文安縣朱家務村人，身材魁梧，臂長手大，臂力過人，擅長技擊，相傳在安徽九華山得遇「雲盤老祖」傳授其技，創立了八卦掌。著名弟子有尹福、程廷華、馬維祺、史計棟、梁振蒲、張占魁、劉鳳春等。

尹福（公元 1840 — 1909 年），字德安，號壽鵬，河北省冀州市漳淮村人。尹所傳八卦掌的發力較為明顯，因此人稱「冷掌」，其掌型四指併攏，大拇指內扣緊貼於掌心，又名「牛舌掌」。

程廷華（公元 1848 — 1900 年），字應芳，河北省深州市程村人，江湖人稱「眼鏡程」。拜師於董海川先生，悟性極高，功力深厚，後人稱其所傳為程派八卦掌，亦稱「南城派」八卦掌，傳人頗多，程派八卦掌在掌型上是龍爪掌。

李存義（公元 1847 — 1921 年），人稱「單刀李」，原名存毅，字肅堂，後改名存義，字忠元。生於清道光二十七年，河北省深縣南小營村人。中年師從形意拳名家劉奇蘭學藝，後至京與程廷華等為友，並兼從董海川習八卦掌，其八卦掌技藝多為程廷華所授。曾任兩江總督督標把總，後至保定開設萬通鏢局，兼收徒授藝。

張占魁（公元 1865 — 1938 年），字兆東，同治四年八月生於河北省河間縣後鴻雁村，在董海川墳前遞貼拜師，由程廷華代師授徒，後成為形意八卦宗師，對形意拳、八卦掌的發展與傳播貢獻極大。

孫祿堂（公元 1860 － 1933 年），名福全，字祿堂，晚號涵齋，別號活猴，河北順平縣北關人，孫式太極拳暨孫門武學創始人，中國近代著名武術家。在近代武林中素有武聖、武神、萬能手、虎頭少保、天下第一手之稱。

姜容樵（公元 1891 － 1974 年），著名武術家、武術教育家、武術理論家，張占魁先生得意弟子，精通武當、八卦、形意、太極等，一生著作頗豐，八卦著作有《寫真八卦奇門槍》、《八卦散手掌》、《八卦奪門槍》等，其中《八卦掌》一書影響頗大。當時「中央國術館」張之江館長、李景林副館長稱之為「國術界幹才」。

鄭懷賢（公元 1897 － 1981 年），又名鄭德順，河北省白洋淀安新縣安新鎮北辛街人，中國著名中醫骨傷科專家、武術家、教授。從學於孫祿堂，在中醫骨傷科界也有極高的聲譽，被後人尊稱為「武醫宗師」。

沙國政（公元 1904 － 1993 年），名書謨，山東省榮成市人，著名武術家，高級武術教練，骨傷科專家，中共黨員。先後師從姜華亭、劉光興、翟樹珍、王者政、姜容樵等，精研太極、八卦、形意、通背諸門拳械，先後創編八卦連環掌、八卦獅形掌、八卦掌對練、八卦子午鴛鴦鉞、子午鴛鴦鉞對劍等套路。

張春波（公元 1909 － 1986 年），男，山西交城人。1929 年師從鄭懷賢先生及龐維國先生，學習八卦掌、形意拳。1958 年參加山西省武術表演賽，獲一等獎。傳人主要有賈保壽、申華章等，在山西省武術界有一定影響。

周永祥（公元 1910 － 2004 年），山東濰坊人，師承李存義高足田鴻業，1962 年至 1986 年，周永祥在山東師範大學體育系任教。1999 年，周永祥被授予中國武術八段稱號，曾任全國武術協會委員、山東省武術協會委員、山東省高校武術協會名譽主席、濟南市武術協會主席、全國高等學校教材編審委員會委員。1992 年，與弟弟周永福在濟南創立鴛鴦門。

周永福（公元 1913 － 2015 年），山東濰坊人，中國近現代武術家，師承李存義高足田鴻業，曾任中國武術協會裁判委員會委員、山東武協委員、齊魯武術院顧問、山東大專院校武協顧問、山東省武術培訓學院副院長、青島武術培訓學院副院長。2006 年被授予中國武術九段稱號，1992 年，與哥哥周永祥在濟南創立鴛鴦門。

劉龍昌形意傳承譜系

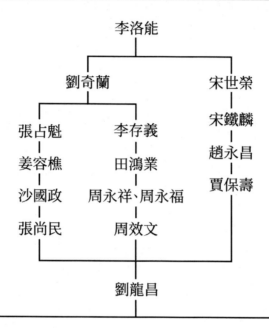

李洛能

劉奇蘭　　　　　　宋世榮

張占魁　　　李存義　　　宋鐵麟

姜容樵　　　田鴻業　　　趙永昌

沙國政　　周永祥、周永福　賈保壽

張尚民　　　周效文

劉龍昌

高飛	梁棟	李海龍	楊晉	劉國建	許航	譚威君
李萬莉	張波	何紹明	王曉玉(女)	丁彩鳳(女)	張保國	徐躍剛
張佳文	王旭濤	張志成	許夢瑤(女)	王曉青(女)	王曉婷(女)	楊潤澤
許朝暉	馬鵬飛	劉晉廷(子)	李春秋	張玉笛(女)	劉嘉旭	宗奕龍
孔維亮	丁國軒	張悰嘉	李澤愷	李昊陽　董青雲	李東奇	張軒幀

劉龍昌八卦傳承譜系

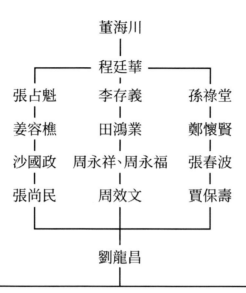

董海川

程廷華

張占魁	李存義	孫祿堂
姜容樵	田鴻業	鄭懷賢
沙國政	周永祥、周永福	張春波
張尚民	周效文	賈保壽

劉龍昌

高　飛	梁　棟	李海龍	楊　晉	劉國建	許　航	譚威君
李萬莉	張　波	何紹明	王曉玉(女)	丁彩鳳(女)	張保國	徐躍剛
張佳文	王旭濤	張志成	許夢瑤(女)	王曉青(女)	王曉婷(女)	楊潤澤
許朝暉	馬鵬飛	劉晉廷(子)	李春秋	張玉笛(女)	劉嘉旭	宗奕龍
孔維亮	丁國軒	張惊嘉	李澤愷	李昊陽　董青雲　李東奇		張軒幀

下部功法

第一章　基本技術

第一節　手型

1. 劍指

　　食指與中指並緊伸直，無名指與小指稍屈，拇指壓於無名指與小指第一指節上，如圖 1-1。

圖 1-1

2. 掌

　　掌指微屈成瓦壟狀，虎口自然撐圓，拇指微扣與中指相呼應，如圖1-2。

圖 1-2

第二節　步型

1. 三體式

形意拳有「萬法出於三體式」之說，足見其重要性，本套路中三體式也是重要步型之一。三體式之步型有高架、中架、低架之分，又有大、中、小、左、右、順、拗之別，因篇幅有限，僅以中架順勢為例進行說明。

圖 1-3

身體半面左轉或右轉，上半身為 45 度左右的半陰半陽身，兩腳前後開立，兩腳跟相距本人腳長的 2 倍左右，前腳尖內側與後腳跟外側約在同一直線上，前腳尖略向內扣，後腳尖內扣 45 度左右，身體重心前後比例為前三後七或前四後六，兩胯相合向下鬆沉，前腿膝關節向前，後腿膝關節下垂，含胸拔背，下顎微收，舌尖輕抵上顎，自然叩齒，頭正肩平，足心涵空，腳趾自然抓地，如圖 1-3。

2. 小三體式

身體半面45度左右左轉或右轉，屈腿半蹲，兩腳跟相距本人腳長的1倍左右，前腳腳尖向前微內扣，後腳腳尖偏45度左右，兩胯相合，重心在後腿上，含胸拔背，下顎微收，舌尖輕抵上顎，自然叩齒，頭正肩平，足心涵空，腳自然抓地，如圖1-4。

圖 1-4

3. 弓步

一腿向前邁出，前後兩腳相距本人腳長的四倍左右，前腳尖微內扣，後腳尖內扣45度左右，前腿大腿蹲平或半蹲，後腿蹬直，前腳尖與後腳跟在一條直線上，重心在兩腿之間，如圖1-5。

圖 1-5

4. 登山步

一腿向前邁出，前腿大腿屈蹲接近水平，後腿屈膝接近地面，腳跟離地，前腳掌著地，身體重心在兩腿中間，前後兩腳相距約兩腳到兩腳半，如圖 1-6。

圖 1-6

5. 叉步

兩腿前後交叉半蹲，前腳腳尖外展，後腳前腳掌蹬地，後腿蹬直，前腿接近半蹲，重心略偏於前腿，如圖 1-7。

圖 1-7

6. 獨立步

一腿直立，另一腿繃腳背屈膝提起，腳掌貼於直立腿大腿內側，腳尖向下，收腹立腰，如圖1-8。

圖 1-8

7. 仆步

兩腿左右分開，兩腳相距本人腳長的四倍左右，一腿全蹲，膝部與腳尖外展；另一腿伸直平鋪，接近地面，腳內扣，全腳掌著地。左腿伸直為左仆步，右腿伸直為右仆步，如圖1-9。

圖 1-9

8. 虛步

一腿腳尖外展約 45 度屈膝半蹲或全蹲，另一腿膝關節微屈前伸腳尖內側輕觸地面，身體重心完全放在屈蹲腿上，兩腳相距本人腳長兩倍左右，如圖 1-10。

圖 1-10

9. 丁步

兩腳並步站立，內側相貼，平行向前，下蹲，以左腳支撐全身，右腳腳跟抬起，腳尖點地，虛靠於左腳腳踝內側，雙膝內旋；反之亦然，如圖 1-11。

圖 1-11

10. 雞形步

一腿膝關節微屈，另一腿屈膝提起，腳內側貼靠於支撐腿腳踝處，如圖 1-12。

圖 1-12

11. 馬步

兩腿開立，兩腳內側相距本人腳長三倍左右，屈膝下蹲，腳尖平行向前，勿外撇；兩膝向外撐，膝蓋不能超過腳尖，大腿與地面接近平行或半蹲，同時胯向前內收，臀部內斂，如圖 1-13。

圖 1-13

12. 歇步

　　兩腿交叉靠攏全蹲，右腳全腳著地，腳尖外展，左腳前腳掌著地，膝部貼靠於前小腿外側，臀部貼於左腳跟處。左腿在前為左歇步，右腿在前為右歇步，如圖 1-14。

圖 1-14

第三節　基本劍法

1. 劈劍

　　動作方法：兩腳前後開立，雙手持劍，以腰背帶動兩臂，順步時由上向下、拗步時由上向斜下方劈出，力達劍刃，身劍合一，如圖 1-15 至 17。

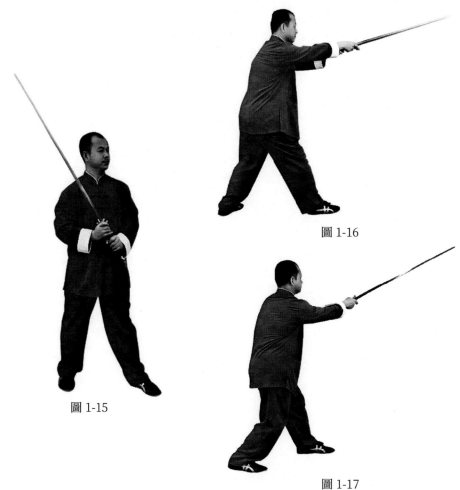

圖 1-15

圖 1-16

圖 1-17

　　動作要領：劈劍時合住腰胯，以腰背帶動兩臂合力劈出，並有向前推銼之力。

2. 鑽劍

　　動作方法：雙手持劍順時針或逆時針螺旋絞壓後向左前上方或右前上方刺出，力達劍尖，鑽劍時保持三體式，如圖 1-18 至 19。

圖 1-18

圖 1-19

　　動作要領：螺旋絞壓時劍尖劃弧直徑約 15 至 30 公分，不可過大，以腰帶動兩臂合力絞壓鑽出。

3. 崩劍

動作方法：雙手持劍，立劍刺出，如打崩拳，力達劍尖，臂微屈與劍成一直線，雙手持劍向前有推銼之力；下肢成雞形步或小三體式，如圖1-20至21。

圖 1-20

圖 1-21

動作要領：崩劍與落步同時完成，發力透整。

4. 炮劍

動作方法：雙手持劍由下向上撩，一般為拗步，力達劍刃前二分之一處，下肢成三體式，如圖 1-22 至 23。

圖 1-22

圖 1-23

動作要領：炮劍與拗步三體式同時完成，轉腰合胯，兩臂合力。

5. 橫劍

動作方法：雙手持劍向左前或右前側平斬，並向後拉帶，力達外側劍刃，下肢成三體式，如圖 1-24 至 25。

圖 1-24

圖 1-25

動作要領：橫劍時以腰帶臂，平斬與拉帶同時。

6. 絞劍

動作方法：雙手持劍，劍尖順時針或逆時針絞轉劃弧，兩腳前後開立，如圖 1-26 至 27。

圖 1-26

圖 1-27

動作要領：絞劍時以身帶臂，以臂帶手，絞轉劃弧直徑為 15-30 公分。

7. 點劍

動作方法：雙手持劍，立劍提腕，使劍尖猛向前下為點，力達劍尖，如圖 1-28。

動作要領：點劍輕快迅捷，不拖泥帶水。

圖 1-28

8. 壓劍

動作方法：雙手持劍，劍身平向下壓，須借勢隨身體下沉壓實，力達劍脊中後部，如圖 1-29。

動作要領：劍下壓與身體重心下沉同時。

圖 1-29

9. 撩劍

動作方法：兩腳前後開立，雙手持劍，右掌心先內後外，或先外後內，立劍，由前向後向下向前上方為撩，力達劍刃中前部，如圖 1-30 至 33。

圖 1-30　　　　　　　　　　　　圖 1-31

圖 1-32　　　　　　　　　　　　圖 1-33

動作要領：撩劍須貼近身體成立圓，以腰帶臂，身械合一。

10. 雲劍

動作方法：兩腳前後開立，雙手持劍，立劍在頭頂前上方順時針或逆時針劃平圓後，向正前方平斬，劃平圓時力達劍脊，斬劍時力達內側劍刃，如圖 1-34 至 37。

動作要領：身械合一，協調用力。

圖 1-34

圖 1-35

圖 1-36　　　　　　　　　　　　　圖 1-37

11. 截劍

　　動作方法：雙手持劍向斜下截擊為截，力達劍身前部，臂與劍成一直線，下肢成三體式，如圖 1-38。

　　動作要領：轉腰合胯，劍尖高不過膝。

圖 1-38

12. 撩腕花

動作方法：兩腳前
後開立，雙手持劍，
劍向上成立圓貼身提
撩劍舞花，力達劍
刃，如圖 1-39 至 43。

動作要領：活把
握劍，右手為主，左
手為輔，如圖 1-39。

圖 1-39

圖 1-40　　　　　圖 1-41　　　　　圖 1-42

圖 1-43

13. 側點劍

動作方法：兩腳前後開立，劍向側方向點擊，高不過頭，低不過胸，力達劍尖內側為內側點，如圖 1-44；力達劍尖外側為外側點，如圖 1-45。

動作要領：拇指和中指協同發力，其他手指配合。

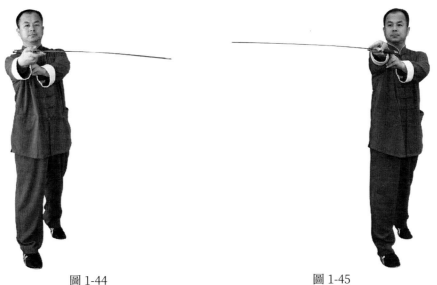

圖 1-44   圖 1-45

14. 倒提劍

動作方法：劍尖向下，單手握劍把倒提，下肢成登山步，如圖1-46。

動作要領：肩關節放鬆，身體重心下沉。

圖 1-46

15. 剪腕花

動作方法：兩腳前後開立，雙手持劍，以腕為軸，立劍在臂兩側向前上貼身立圓繞環下劈，力達劍刃，如圖 1-47 至 51。

動作要領：右手為主，左手為輔，活把握劍。

圖 1-47

圖 1-48

圖 1-49

圖 1-50

圖 1-51

16. 崩劍

動作方法：此劍法有別於形意劍之崩劍，兩腳前後開立，立劍，沉腕使劍尖猛向上往回挑為崩，力達劍尖，臂伸直，如圖 1-52 至 53。

動作要領：拇指、中指協同發力，沉腕與回挑劍同時。

圖 1-52   圖 1-53

17. 帶劍

動作方法：雙手持劍，立劍由前向側後方抽拉劍身為帶劍，如圖 1-54 至 55。

圖 1-54

圖 1-55

動作要領：劍脊貼近右臂外側，左手握劍把前推與右手握劍把後拉同時發力。

18. 掛劍

動作方法：右手持劍，立劍，劍尖向上向前、向下向後或向下向後向上向前為掛，力達劍刃前部。上掛向上向後貼身掛出，下掛向下向後貼身掛出，掛劍貼身呈立圓，如圖 1-56 至 61。

圖 1-56

圖 1-57　　　　　　　　　圖 1-58

圖 1-59

圖 1-61　　　　　　　　　　　　　圖 1-60

動作要領：以腰帶臂，左手劍指與右手掛劍協調配合，目隨劍走。

19. 背劍

動作方法：單手持劍，掌心向外，劍脊斜向貼靠於後背，向左側弓步，如圖 1-62。

動作要領：勿使劍刃貼靠後背，活把握劍。

圖 1-62

20. 挑把

動作方法：兩腳前後開立，雙手持劍，立劍，劍尖向下，雙手持劍柄由下向上提，力達劍鐓，如圖 1-63 至 64。

圖 1-63

圖 1-64

動作要領：劍脊貼靠左大臂外側，右手為主，左手為輔。

第二章　形意五行劍單練

第一節　劈劍

動作圖解、方法及要領

起勢

動作方法：

（1）面南背北，兩腳併攏，左手提劍，劍尖向上，劍脊貼靠於左小臂後側，左手拇指與中指、無名指、小指握住劍柄，食指貼靠於劍柄，右掌自然垂於體側，如圖 2-1。

圖 2-1

（2）接上動，身體一震，左持
劍小臂微屈上提，右手成劍指屈臂
微上提，掌心向內；同時，頭左平
擺，兩眼向左前方平視，如圖2-2。

圖 2-2

（3）接上動，右腳向右前方上
步成右弓步；同時，右手劍指向右
前方指出，力達劍指，目視劍指指
出方向，如圖 2-3。

圖 2-3

（4）上動不停，左腳向右腳並步，右手劍指內旋擺至額右前方；同時，頭左擺，目視左前方，如圖 2-4。

動作要領：精神飽滿，含胸拔背，虛領頂勁，手腳上下協調一致。

圖 2-4

1. 三體式藏劍

動作方法：

（1）接起勢，右腳橫向開步約與肩寬；同時，左手持劍在頭正前上方雲劍，目視接劍手，如圖 2-5。

圖 2-5

（2）上動不停，右手接劍掌心
向下，左掌在下掌心向上附於劍
柄，兩掌相合持劍迅速下壓；同
時，左腳迅速收至右腳踝處成雞形
步，目視下壓劍身，如圖 2-6。

圖 2-6

（3）上動不停，左腳向前上步
成左三體式，左掌脫劍柄後內旋向
前劈掌，力達掌根外側；同時，右
手持劍貼右腿外側立劍向後下帶
劍，目視左掌劈出方向，如圖 2-7。

動作要領：雲劍與開步同時；
壓劍時兩掌相合，下壓時力達劍脊
中後部，壓劍與雞形步同時；劈掌
藏劍與三體式同時完成。

圖 2-7

2. 弓步接劍

動作方法：接上動，左腳向前活步成左弓步，右手持劍前刺；同時，左手迅速接劍柄，與右手協同發力，力達劍尖，目視劍刺出方向，如圖 2-8。

圖 2-8

動作要領：左手接劍要迅速；弓步與刺劍同時完成；發力時右手為主，左手為輔，勁力順達。

3. 左三體式劈劍

動作方法：

（1）接上動，身體重心後移，左腳蹬地收至右腳踝成右雞形步；同時，雙手持劍往回帶劍至右肩外側，如圖 2-9。

圖 2-9

（2）上動不停，左腳向前偏左上步，右腳跟步成左三體式；同時，雙手持劍向左前方下方斜劈，力達劍刃，目視劍劈出方向，如圖2-10。

動作要領：劈劍與三體式同時完成；右腳跟步迅速，身械合一。

圖 2-10

4. 右三體式劈劍

動作方法：

（1）接上動，左腳擺腳上步，右腳迅速收至左腳踝處成左雞形步；同時，雙手持劍往回帶劍至右肩外側，目視劍身，如圖2-11。

圖 2-11

（2）上動不停，右腳上步左腳跟步成右三體式；同時，雙手持劍向前下方劈劍，力達劍刃，目視劍劈出方向，如圖 2-12。

圖 2-12

動作要領：劈劍與三體式同時完成；左腳跟步迅速，身械合一。

5. 左三體式劈劍

動作方法：

（1）右腳外擺向前活步，左腳收至右腳踝處成右雞形步；同時，雙手持劍往回帶劍至右肩外側，如圖 2-13。

圖 2-13

（2）左腳向左前方上步右腳跟步成左三體式；同時，雙手持劍向左前
下方斜劈，力達劍刃，目視劍劈出方向，如圖 2-14。

圖 2-14

動作要領：劈劍與三體同時完成，右腳跟步迅速，身械合一。

以上動作可根據實際場地重複練習，至拗步劈劍後轉身。

6. 轉身

動作方法：身體右轉，左腳向
右腳右前方扣步；同時，雙手持劍
內轉至右掌心向下，目視劍身，如
圖 2-15。

圖 2-15

7. 右三體式劈劍

動作方法：

（1）緊接上動，雙手持劍迅速往回帶劍至右肩外側；同時，右腳迅速提起收至左腳踝處成左雞形步，如圖2-16。

圖 2-16

（2）上動不停，右腳向前上步左腳跟步成右三體式；同時，雙手持劍向前下方劈劍，力達劍刃，目視劍劈出方向，如圖2-17。

圖 2-17

動作要領：劈劍與三體式同時完成；左腳跟步要迅速。

8. 左三體式劈劍

動作方法：

（1）接上動，右腳向前活步，左腳迅速提起收至右腳踝處成右雞形步；同時，雙手持劍往回帶至右肩外側，目視劍身，如圖 2-18。

圖 2-18

（2）上動不停，身體左轉，左腳貼地向左前方上步，右腳迅速跟進成左三體式；同時，雙手持劍向左前下方斜劈，力達劍刃，目視劍劈出方向，如圖 2-19。

圖 2-19

動作要領：劈劍與三體式同時完成；右腳跟步要迅速，身械合一。

收勢

動作方法：接左三體式劈劍，左手接劍，如圖 2-20；活右腳，身體右轉，右手劍指向下向上劃弧後擺至額右前方，眼隨劍指；當劍指擺至額右前方時頭迅速左擺，兩眼向左前方平視；同時，收左腳並步站立，左手倒提劍，含胸拔背，如圖 2-21 至 22。

圖 2-20　　　　　　　　　圖 2-21　　　　　　　　　圖 2-22

動作要領：手眼相隨，精神飽滿。

第二節　鑽劍

動作圖解、方法及要領

起勢（動作方法、圖解及要領同劈劍）

1. 三才藏劍（動作方法、圖解及要領同劈劍）

2. 弓步接劍（動作方法、圖解及要領同劈劍）

3. 右三體式鑽劍

動作方法：

（1）接上動，左腳擺腳向前活步，右腳迅速提起收至左腳踝處成左雞形步；同時，雙手持劍逆時針旋轉絞壓至右掌心向下，如圖 2-23。

圖 2-23

（2）上動不停，右腳向右前方
上步，左腳迅速跟步成右三體式；
同時，雙手持劍向右前上方螺旋刺
出，右掌心向外，力達劍尖，目視
劍刺出方向，如圖 2-24。

動作要領：絞壓劍與雞形步同時
完成；鑽劍與三體式同時完成，發力
順達。

圖 2-24

4. 左三體式鑽劍

動作方法：

（1）接上動，右腳向前活步，
左腳迅速提起，收至右腳踝成右雞
形步；同時，雙手持劍順時針絞
壓，右掌心向上，目視劍身，如圖
2-25。

圖 2-25

（2）上動不停，左腳向左前方
上步，右腳迅速跟進成左三體式；
雙手持劍向左前上方螺旋刺出，右
掌心向內，力達劍尖，目視劍刺出
方向，如圖2-26。

動作要領：絞壓劍與雞形步同
時完成；鑽劍與三體式同時完成，
發力順達。

圖 2-26

5. 右三體式鑽劍

動作方法：

（1）接上動，左腳
向正前方活步，右腳
迅速提起，收至左腳
踝處成左雞形步；同
時，雙手持劍逆時針
絞壓，右掌心向下，
目視劍身，如圖2-27。

圖 2-27

（3）上動不停，右腳向右前方上步，左腳迅速跟步成右三體式；同時，雙手持劍向右前方螺旋刺出，右掌心向外，力達劍尖，目視劍刺出方向，如圖 2-28。

動作要領：同動作 3。

圖 2-28

6. 左三體式鑽劍

動作方法：

（1）接上動，右腳向前活步，左腳迅速提起，手指右腳踝成右雞形步；同時，雙手持劍順時針絞壓，右掌心向上，目視劍身，如圖 2-29。

圖 2-29

（2）上動不停，左腳向左前方上步，右腳迅速跟進成左三體式；同時，雙手持劍向左前上方螺旋刺出，右掌心向內，力達劍尖，目視劍刺出方向，如圖2-30。

動作要領：同動作4。

以上動作可根據實際場地重複練習，至拗步鑽劍後轉身。

圖2-30

7. 轉身

動作方法：左腳向右腳右前方扣步，雙手持劍右轉身，目視劍身，如圖2-31。

圖2-31

8. 右三體式鑽劍

動作方法：

（1）接上動，收右腳至左腳踝處成左雞形步；同時，雙手持劍逆時針絞壓劍，目視劍身，如圖 2-32。

圖 2-32

（2）上動不停，右腳向右前方上部，左腳迅速跟進成右三體式；同時，雙手持劍向右前方螺旋刺出，右掌心向外，力達劍尖，目視劍刺出方向，如圖 2-33。

動作要領：同動作 3。

圖 2-33

9. 左三體式鑽劍

動作方法：

（1）接上動，右腳向前活步，左腳迅速提起，收至右腳踝成右雞形步；同時，雙手持劍順時針絞壓，右掌心向上，目視劍身，如圖 2-34。

圖 2-34

（2）上動不停，左腳向左前方上步，右腳迅速跟進成左三體式；同時，雙手持劍向左前上方螺旋刺出，右掌心向內，力達劍尖，目視劍刺出方向，如圖 2-35。

動作要領：同動作 4。

圖 2-35

收勢

動作方法、圖解及要領同劈劍收勢。

第三節　崩劍

動作圖解、方法及要領

起勢（動作方法、圖解及要領同劈劍）

1. 三才藏劍（動作方法、圖解及要領同劈劍）
2. 弓步接劍（動作方法、圖解及要領同劈劍）
3. 左三體式崩劍

動作方法：

（1）接上動，身體重心後移，左腳蹬地，收至右腳踝關節處成右雞形步；同時，雙手持劍往回帶劍至右肩外側，目視劍身，如圖 2-36。

圖 2-36

（2）上動不停，左腳向前貼地上步，右腳迅速跟進成左小三體式；同時，雙手持劍向前崩出，力達劍尖，目視劍刺出方向，如圖2-37。

動作要領：崩劍時腰胯與雙臂合力，三體式與崩劍同時完成。

圖 2-37

4. 左雞形步崩劍

動作方法：

（1）接上動，右腳貼地上步至左腳前，腳尖外擺，左腳迅速提起收至右腳踝處成右雞形步；同時，雙手持劍往回帶劍至右肩外側，目視劍身，如圖2-38。

圖 2-38

（2）上動不停，左腳貼地上步，右腳迅速跟步提至左腳踝處成左雞形步；同時，雙手持劍向前崩劍，力達劍尖，目視劍刺出方向，如圖 2-39。

動作要領：雞形步帶劍與雞形步崩劍銜接緊湊，協調一致。

圖 2-39

5. 左三體式崩劍

動作方法：

（1）接上動，右腳向前貼地上步，左腳迅速提起收至右腳踝處成右雞形步；同時，雙手持劍往回帶劍至右肩外側，如圖 2-40。

圖 2-40

（2）上動不停，左腳貼地上
步，右腳迅速跟進成左小三體式；
同時，雙手持劍向前崩劍，力達劍
尖，目視劍刺出方向，如圖 2-41。

動作要領：同動作 3。

以上動作可根據實際場地重複
練習，至左小三體式崩劍後轉身。

圖 2-41

6. 轉身

動作方法：

（1）左腳以腳跟為軸扣腳，身
體右後轉；同時，右手掌心向下持
劍向身後平掃至身前，左掌與右手
自然配合，目視劍身，如圖 2-42。

圖 2-42

　　（2）上動不停，左掌與右手持
劍同時向下劃弧後，雙手持劍向前
上方平刺，力達劍尖；同時，右腿
向前上方蹬出，腳尖自然外擺，力
達腳跟，如圖 2-43。

圖 2-43

　　（3）上動不停，身體右轉，右腳尖外擺前落，左腳迅速跟步成龍形步；
同時，雙手持劍在身體右側前下劈劍，力達劍刃，目視劍身，如圖 2-44。

圖 2-44　　　　　　　　　　　　　圖 2-44（正面）

　　動作要領：扣步轉身要迅速，向上平刺與蹬腿同時發力，落步擰身與
劈劍一氣呵成。

7. 左三體式崩劍

動作方法：接上動，身體左轉，左腳貼地上步，右腳迅速跟步成左小三體式；同時，雙手持劍向前崩劍，力達劍尖，目視劍刺出方向，如圖 2-45。

動作要領：同動作 3。

圖 2-45

8. 左雞形步崩劍

動作方法：

（1）接上動，右腳貼地上步至左腳前，腳尖外擺，左腳迅速提起收至右腳踝處成右雞形步；同時，雙手持劍往回帶劍至右肩外側，目視劍身，如圖 2-46。

圖 2-46

（2）上動不停，左腳貼地上步，右腳迅速跟步提起至左腳踝處成左雞形步；同時，雙手持劍向前崩劍，力達劍尖，目視劍刺出方向，如 2-47。

動作要領：同動作 4。

圖 2-47

9. 左三體式崩劍

動作方法：

（1）接上動，右腳向前貼地上步，左腳迅速提起收至右腳踝處成右雞形步；同時，雙手持劍往回帶劍至右肩外側，目視劍身，如圖 2-48。

圖 2-48

（2）上動下停，左腳貼地上步，右腳迅速跟進成左小三體式；同時，雙手持劍向前崩劍，力達劍尖，目視劍刺出方向，如圖 2-49。

圖 2-49

收勢

動作方法、圖解及要領同劈劍收勢。

第四節　炮劍

動作圖解、方法及要領

起勢（動作方法、圖解及要領同劈劍）

1. 三才藏劍（動作方法、圖解及要領同劈劍）

2. 弓步接劍（動作方法、圖解及要領同劈劍）

3. 左三體式炮劍（接左弓步刺劍）

動作方法：

（1）接上動，身體重心後移，身體右轉，左腳蹬地提起收至右腳踝處成右雞形步；同時，雙手持劍內轉帶劍，右掌心向外，目視劍身，如圖2-50。

圖 2-50

（2）上動不停，身體左轉，左
腳貼地向左前方上步，右腳迅速跟
步成左三體式；同時，雙手持劍向
後向下向上撩劍，力達劍刃，目視
劍撩出方向，如圖 2-51。

動作要領：帶劍時以身帶劍，
撩劍時貼身成立圓，身械合一；炮
劍與三體式同時完成。

圖 2-51

4. 右三體式炮劍

動作方法：

（1）接上動，左腳活步邁正，身體左轉，右
腳迅速收至左腳踝處成左雞形步；同時，雙手持
劍貼身向左後帶劍，目視劍身，如圖 2-52。

圖 2-52

（2）上動不停，身體右轉，右腳貼地向右前方上步，左腳迅速跟步成右三體式；同時，雙手持劍向後向下向右前方撩劍，力達劍刃，目視劍撩出方向，如圖 2-53。

動作要領：帶劍時以身帶劍，撩劍時貼身成立圓，身械合一；炮劍與三體式同時完成。

圖 2-53

5. 左三體式炮劍

動作方法：

（1）接上動，右腳邁正，身體右轉，左腳收至右腳踝；同時，雙手持劍向右後帶劍，目視劍身，如圖 2-54。

圖 2-54

（2）上動不停，身體左轉，左腳向左前方貼地上步，右腳迅速跟步成左三體式；同時，雙手持劍向下向左前方撩劍，力達劍刃，如圖2-55。

動作要領：同動作3。

以上動作可根據實際場地重複練習，至左三體式炮劍後轉身。

圖 2-55

6. 轉身

動作方法：接上動，雙手持劍，身體右轉，左腳向右腳前扣腳，目視劍身，如圖2-56。

圖 2-56

7. 右三體式炮劍

動作方法：

（1）接上動，身體左轉，右腳提起收至左腳踝成左雞形步；同時，雙手持劍向身後劃弧帶劍，目視劍身，如圖 2-57。

圖 2-57

（2）上動不停，身體右轉，右腳向右前方上步，左腳迅速跟步成右三體式；同時，雙手持劍由下向右前撩劍，力達劍刃，目視劍撩出方向，如圖 2-58。

動作要領：同動作 4。

圖 2-58

8. 左三體式炮劍

動作方法：

（1）接上動，右腳邁正，身體右轉，左腳收至右腳踝；同時，雙手持劍向右後帶劍，目視劍身，如圖 2-59。

圖 2-59

（2）上動不停，身體左轉，左腳向左前方貼地上步，右腳迅速跟步成左三體式；同時，雙手持劍向下向左前方撩劍，力達劍刃，如圖 2-60。

動作要領：同動作 3。

圖 2-60

收勢

動作方法、圖解及要領同劈劍收勢。

第五節　橫劍

動作圖解、方法及要領

起勢（動作方法、圖解及要領同劈劍）

1. 三才藏劍（動作方法、圖解及要領同劈劍）

2. 弓步接劍（動作方法、圖解及要領同劈劍）

3. 左三體式橫劍

動作方法：

（1）接上動，身體重心後移，身體右轉，左腳蹬地提起收至右腳踝處成右雞形步；同時，雙手持劍在頭上方雲劍，力達劍脊，目視劍身，如圖2-61。

圖 2-61

（2）上動不停，身體左轉，左
腳向左前方上步，右腳迅速跟步成
左三體式；同時，雙手持劍向身體
左前方平斬劍並向後拉帶，右掌心
向上，力達劍刃，目視劍斬出方
向，如圖 2-62。

動作要領：身械合一，以腰帶
臂，協同發力；橫劍與三體式同時
完成。

圖 2-62

4. 右三體式橫劍

動作方法：

（1）接上動，左腳活步邁正，
右腳迅速提起收至左腳踝處成左雞
形步；同時，雙手持劍在頭上方反
雲劍，力達劍脊，目視劍身，如圖
2-63。

圖 2-63

（2）上動不停，右腳向右前方上步，左腳迅速跟步成右三體式；同時，雙手持劍向右前方平斬劍並向後拉帶，力達劍刃，目視劍斬出方向，如圖 2-64。

動作要領：身械合一，以腰帶臂，協同發力；橫劍與三體式同時完成。

圖 2-64

5.左三體式橫劍

動作方法：

（1）接上動，右腳活步邁正，左腳迅速提起收至右腳踝處成右雞形步；同時，雙手持劍在頭上方雲劍，力達劍脊，目視劍身，如圖 2-65。

圖 2-65

（2）上動不停，身體左轉，左
腳向左前方貼地上步，右腳迅速跟
步成左三體式；同時，雙手持劍向
左前方平斬劍並向後拉帶，力達劍
刃，目視劍斬出方向，如圖 2-66。

動作要領：同動作 3。

以上動作可根據實際場地重複
練習，至左三體式炮劍後轉身。

圖 2-66

6. 轉身

動作方法：接上動，雙手持
劍，左腳向右腳前扣步，身體右
轉，目視劍身，如圖 2-67。

圖 2-67

7. 右三體式橫劍

動作方法：

（1）接上動，右腳收至左腳踝處成左雞形步；同時，雙手持劍反雲劍，力達劍脊，目視劍身，如圖2-68。

圖 2-68

（2）上動不停，身體右轉，右腳向右前方上步，左腳迅速跟進成右三體式；同時，雙手持劍向右前方平斬劍並向後拉帶，力達劍刃，目視劍斬出方向，如圖 2-69。

動作要領：同動作 4。

圖 2-69

8. 左三體式橫劍

動作方法：

（1）接上動，右腳活步邁正，左腳迅速提起收至右腳踝處成右雞形步；同時，雙手持劍在頭上方雲劍，力達劍脊，目視劍身，如圖 2-70。

圖 2-70

（2）上動不停，身體左轉，左腳向左前方貼地上步，右腳迅速跟步成左三體式；同時，雙手持劍向左前方平斬劍並向後拉帶，力達劍刃，目視劍斬出方向，如圖 2-71。

動作要領：同動作 3。

圖 2-71

收勢

動作方法、圖解及要領同劈劍收勢。

第三章　形意八卦雙手劍完整套路

第一節　歌訣

第一段

三才藏劍六合全，袖裡藏針如發箭。

彎弓射虎取要害，白蛇吐信敵喪膽。

撩陰似把簾挑起，太公釣魚雲撩點。

指地為牢傷敵根，朝天一柱把香燃。

蜻蜓點水靈又巧，左右撩陰把敵翻。

撥雲見日左右橫，撥草尋蛇緊相連。

野馬奔蹄左右疾，走轉乾坤步蹚泥。

烏龍擺尾雲後刺，老龍抖甲顯神奇。

袖裡藏針先橫掌，金鈎倒提退步疾。

轉身削枝虛步斬，橫空出世歇步崩。

第二段

喜鵲蹬枝顯神奇，倒提竹籃登山立。

金雞食米巧又妙，懸崖勒馬蓋步奇。

猛虎出柙勢難當，秋風敗葉千軍亡。

敗中取勝神難防，猛虎出柙不用忙。

順風扯旗腿前端，力劈華山登山劈。

力劈華山躥步疾，白蛇吐信轉身奇。

猛虎出柙三體式，並步擔擔御後敵。

金剛挑簾震右腳，金雞食米靈又巧。

第三段

金鉤倒提扣腿穩，點石成金穩準狠。

袖裡藏針疾發箭，袖裡藏針發箭疾。

金雞聽風步要穩，翻花舞袖左右防。

翻江倒海翻身掛，袖裡藏針雞獨立。

袖裡藏針小三體，撥雲攪海上下翻。

旁敲側擊向內點，魁星點斗身側彎。

第四段

行雲流水弧步撩，燕子穿雲上九霄。

燕子抄水快又疾，袖裡藏針小三體。

移形換影劍下撥，順水推舟上步疾。

金雞蹬枝取敵命，烏龍擺尾顯神奇。

撥雲見日雲後橫，蘇秦背劍目視前。

提水三才精氣神，萬兩黃金不予人。

（完）

第二節　動作名稱

起勢

第一段

1. 三才藏劍（三體式帶劍）

2. 袖裡藏針（三體式崩劍）

3. 彎弓射虎（叉步反刺劍）

4. 白蛇吐信（三體式鑽劍）

5. 右撩陰（三體式炮劍）

6. 太公釣魚（獨立前點劍）

7. 指地為牢（弓步下刺劍）

8. 朝天一炷香（三體式上撩劍）

9. 蜻蜓點水（跟步點劍）

10. 左右撩陰（左右撩劍）

11. 右撥雲見日（三體式橫劍）

12. 左撥雲見日（三體式橫劍）

13. 撥草尋蛇 1（三體式截劍）

14. 撥草尋蛇 2（三體式截劍）

15. 左野馬奔蹄（三體式平刺劍）

16. 右野馬奔蹄（三體式平刺劍）

17. 走轉乾坤（蹚泥步行劍）

19. 老龍抖甲（馬步抖劍）

20. 袖裡藏針（三體式崩劍）

21. 金鉤倒提（扣腿挑把）

22. 轉身削枝（虛步平斬劍）

23. 橫空出世（騰空後斬劍）

第二段

24. 喜鵲蹬枝（點腿側點劍）

25. 倒提竹籃（登山步提劍）

26. 金雞食米（高虛步點劍）

27. 懸崖勒馬（蓋步帶劍）

28. 猛虎出柙（三體式劈劍）

29. 秋風敗葉（轉身平掃劍）

30. 敗中取勝（叉步後刺劍）

31. 猛虎出柙（三體式劈劍）

32. 順風扯旗（蹬腿後帶劍）

33. 力劈華山 1（登山步劈劍）

34. 力劈華山 2（三體式劈劍）

35. 白蛇吐信（後點腿平刺劍）

36. 猛虎出柙（三體式劈劍）

37. 並步擔擔（並步平刺劍）

38. 金剛挑簾（虛步上撩劍）

39. 金雞食米（虛步點劍）

40. 金鉤倒提（扣腿挑把）

41. 點石成金（開步點劍）

第三段

42. 袖裡藏針 1（雞形步崩劍）

43. 袖裡藏針 2（三體式崩劍）

44. 金雞聽風（雞形步藏劍）

45. 翻花舞袖（左右掛劍）

46. 翻江倒海（翻身掛劍）

47. 袖裡藏針 1（雞形步崩劍）

48. 袖裡藏針 2（三體式崩劍）

49. 撥雲攪海（上雲下撥劍）

50. 旁敲側擊（獨立側點劍）

51. 魁星點斗（獨立反刺劍）

第四段

52. 行雲流水（弧形步撩劍）

53. 燕子穿雲（騰空上刺劍）

54. 燕子抄水（仆步反穿掌）

55. 袖裡藏針（三體式崩劍）

56. 移形換影（丁步下撥劍）

57. 順水推舟（三體式平刺劍）

58. 金雞蹬枝（蹬腿平刺劍）

59. 烏龍擺尾（弓步反穿劍）

60. 撥雲見日（三體式橫劍）

61. 蘇秦背劍（弓步背劍）

62. 提水式（三體式提劍）

收勢

第三節　動作方法、圖解及要領

起勢

動作方法：

（1）面南背北，兩腳併攏，左手提劍，劍尖向上，劍脊貼靠於左小臂後側，左手拇指與中指、無名指、小指握住劍柄，食指貼靠於劍柄，右掌自然垂於體側，如圖 3-1。

圖 3-1

（2）身體一震，左持劍小臂微屈上提，右手成劍指屈臂微上提，掌心向內；同時，頭左平擺，兩眼向左前方平視，如圖3-2。

（3）緊接上動，右腳向右前方邁出成半蹲右弓步，右手劍指向右前方指出，掌心向左，力達劍指，如圖3-3。

（4）緊接上動，收左腳至右腳成並步；同時，右手劍指內旋至額右前方，頭左擺，目視左前方，如圖3-4。

動作要領：精神飽滿，含胸拔背，虛領頂勁，手腳上下協調一致。

圖3-2   圖3-3   圖3-4

第一段

1. 三才藏劍（三體式帶劍）

動作方法：

（1）接起勢，右腳橫向開步約與肩寬；同時，左手持劍在頭正前上方雲劍，目視接劍手，如圖3-5。

圖 3-5

（2）上動不停，右手接劍掌心向下，左掌在下掌心向上附於劍柄，兩掌相合持劍迅速下壓；同時，左腳迅速收至右腳踝處成雞形步，目視下壓劍身，如圖3-6。

圖 3-6

（3）上動不停，左腳向前上步
成左三體式，左掌脫劍柄後內旋向
前劈掌，力達掌根外側；同時，右
手持劍貼右腿外側立劍向後下帶
劍，目視左掌劈出方向，如圖3-7。

動作要領：雲劍與開步同時，
壓劍時兩掌相合，劍下壓時力達劍
脊中後部，壓劍與雞形步同時；劈
掌藏劍與三體式同時完成。

圖 3-7

2. 袖裡藏針1（三體式崩劍）

動作方法：接上動，左腳貼地
前邁，右腳迅速跟步成左小三體
式；同時，右手持劍向前方崩劍，
崩劍瞬間左手與右手同時握住劍
柄，以助發力，目視劍刺出方向，
力達劍尖，如圖3-8。

動作要領：崩劍與小三體式同
時完成；後腿與前腿形成合力向前
與劍刺出方向一致。

圖 3-8

3. 彎弓射虎（叉步反刺劍）

動作方法：

（1）接上動，右腿後撤步，右手持劍貼近身體向下向後抽帶；同時，左手劍指前指，目視劍指，如圖 3-9。

圖 3-9

（2）上動不停，右手持劍轉至掌心向外，然後迅速向上劃弧後向前上方側身刺出，左手劍指（或掌）迅速向上向後劃弧後附於右小臂內側；同時，左腿後撤成叉步，力達劍尖，目視劍刺出方向，如圖 3-10。

圖 3-10

動作要領：叉步與側身刺劍同時完成，身體向左側彎以助發力。

4. 白蛇吐信（三體式鑽劍）

動作方法：接上動，右手持劍下落內轉至掌心斜向上，左手迅速與右手同時握劍柄後順時針絞劍後向左上方立劍鑽出；同時，左腳向左前上方落步成左三體式，鑽劍時力達劍尖，目視劍鑽出方向，如圖 3-11。

圖 3-11

動作要領：鑽劍和三體式同時完成，勁整力透。

5. 右撩陰（三體式炮劍）

動作方法：接上動，左腳邁正，右腳迅速經左腳踝向右前上方邁步成右三體式；同時，雙手持劍向上向後向下向右前上方貼身撩出成炮劍，力達劍刃前三分之一處，目視劍撩出方向，如圖 3-12。

圖 3-12　　　　　　　　圖 3-12（正面）

動作要領：撩劍時以腰帶臂，劍身貼近身體；炮劍與右三體式同時完成。

6. 太公釣魚（獨立前點劍）

動作方法：

（1）接上動，左腳內扣上步與右腳齊，雙腿微屈，雙手持劍以腰帶臂雲劍，雲劍時力達劍脊，目視劍身，如圖 3-13。

圖 3-13

（2）上動不停，當劍雲至身體正前方時，雙手持劍貼身體左側向後向下弧形帶劍後向前反手撩出，如圖 3-14。

圖 3-14

（3）上動不停，雙手指劍撩出後劍尖順時針旋轉至右掌心向內，然後向後順帶至右臂外側，圖 3-15。

（4）上動不停，雙手持劍向前下方點，力達劍尖；同時，左腿向後點出，力達腳尖，如圖 3-16。

圖 3-16

圖 3-15

圖 3-16（正面）

動作要領：雲劍時力達劍脊，點劍與後點腿須同時發力。

7. 指地為牢（弓步下刺劍）

動作方法：

（1）接上動，雙手持劍在身前呈立圓劃弧向下壓劍；同時，左腳撤至右腳後成歇步，劍壓至胸腹之間，力達劍脊，右掌心向下，目視劍身，如圖 3-17。

圖 3-17

（2）上動不停，右手持劍順勢向右前下方刺劍；同時，左腳向左前方邁大步成左大弓步，左手劍指向後方伸出，目視劍尖，如圖 3-18。

圖 3-18

動作要領：提劍時劍身貼近身體，壓劍與歇步同時完成；刺劍時力達劍尖，劍尖高度與本人腳踝同高。

8. 朝天一炷香（三體式上撩劍）

動作方法：

（1）接上動，右腳蹬地收至左腳踝內側，腳尖點地；同時，雙手持劍先在身體外側格劍，右掌心向內，如圖 3-19。

圖 3-19

（2）上動不停，雙手持劍向身體左後帶劍後經左腿外側劃弧，向右前上方撩劍，雙手高過頭頂；同時，右腳向右前方邁步成三體式，目視劍撩出方向，力達劍刃前三分之一處，如圖 3-20。

動作要領：格劍帶時劍脊貼近右大臂外側，要以身帶臂；撩劍與三體式同時完成。

圖 3-20

9. 蜻蜓點水（跟步點劍）

動作方法：

（1）接上動，右腳蹬地向左後方撤步成高虛步，如圖 3-21。

圖 3-21

（2）上動不停，身體左轉約 45 度，成左高虛步；同時雙手持劍在身體正前方順時針絞劍半周，如圖 3-22。

圖 3-22

（3）上動不停，雙手持劍迅速
提腕點劍，點劍時左腳向左前上半
步，右腳迅速跟步，力達劍尖，目
視劍點出方向，如圖 3-23。

動作要領：絞劍時以身帶臂，
絞劍劃弧直徑約為一尺；點劍和跟
步同時完成。

圖 3-23

10. 左右撩陰（左右撩劍）

動作方法：

（1）接上動，雙手持劍在身體
外側做半個撩腕花，目視劍尖，如
圖 3-24。

圖 3-24

（2）上動不停，雙手持劍向後
向右前上劃弧反撩劍，力達劍刃，
目視劍尖，如圖 3-25。

圖 3-25

（3）上動不停，雙手持劍向上
向後向下向左上方上成立圓撩出，
力達劍刃，如圖 3-26。

動作要領：身械一體，肩部放
鬆，撩劍時以腰帶臂，成立圓，身
械合一，大開大合。

圖 3-26

11. 右撥雲見日
（三體式橫劍）

動作方法：接上動，身體右轉，雙手持劍反雲劍後向右前方橫劍；同時，右腳向右前方斜上步成右三體式，劍身高不過肩，低不過腰，力達劍刃，目視劍身，如圖3-27。

動作要領：雲劍時目視劍身，力達劍脊；三體式與橫劍同時完成。

圖 3-27

12. 左撥雲見日
（三體式橫劍）

動作方法：

（1）緊接上動，右腳邁正，身體向左轉，左腳先收至右腳踝處成雞形步；同時，雙手持劍雲劍，力達劍脊，目視劍身，如圖3-28。

圖 3-28

（2）上動不停，左腳向左前方上步成左三體，雙手持劍向左橫劍，力達劍刃，目視劍身，如圖3-29。

動作要領：上步與雲劍同時進行，三體式與左橫劍同時完成；上步須大步貼地往前趕，後腳跟步要快。

圖 3-29

13. 撥草尋蛇1
（三體式截劍）

動作方法：

（1）接上動，左腳邁正，身體左轉雙手持劍成立圓向身後帶劍，如圖 3-30。

圖 3-30

（2）上動不停，身
體右轉，右腳向右前
方上大步後腳快速跟
進成右三體式；同時，
劍向右下方截劍，力
達劍刃，目視劍尖，
如圖 3-31。

動作要領：帶劍
時以腰帶臂，三體式
與右截劍同時完成，
身械合一。

圖 3-31

14. 撥草尋蛇2（三體式截劍）

動作方法：緊接上動，先前腳蹬地上身抬
起，雙手持劍外側撩腕花，然後身體迅速左轉向
身後呈立圓貼身帶劍後，右腳向右前方邁出成右
三體式；同時，雙手持劍向右斜下截劍，力達劍
刃，如圖 3-32 至 33。

圖 3-32

動作要領：身械合一，撩腕花和向後帶劍時劍身貼近身體成立圓；三體式與右截劍同時完成。

圖 3-33

15. 野馬奔蹄1（三體式平刺劍）

動作方法：接上動，右腳跟步邁正，左腳迅速提起經右腳踝後向前方上步，同時雙手持劍順時針絞壓180度後向前平刺，右掌心向上，後腳迅速跟步成左小三體式，絞壓劍時力達劍脊，刺劍時力達劍尖，目視劍刺出方向，如圖 3-34 至 35。

圖 3-34　　　　　　　　　　　　　　圖 3-35

動作要領：上步時速度加快，步幅盡量大；收左腳與絞壓劍、刺劍發力與左小三體式同時完成，右腳跟步要快。

16. 野馬奔蹄2（三體式平刺劍）

動作方法：緊接上動，左腳擺腳上步，雙手持劍逆時針180度絞壓，右掌心向下，成左雞形步。然後迅速上右腳成右三體式，雙手持劍向前平刺，力達劍尖，目視劍刺出方向，如圖3-36至3-37。

圖 3-36

圖 3-37

動作要領：同動作15。

17. 走轉乾坤（蹚泥步行劍）

動作方法：

（1）接上動，左腳後撤半步，右手持劍內轉至掌心向外後，向內向後向前平圓弧線穿劍；同時，左掌變劍指經腹前向後穿出後劃弧後上架於額左前上方，右腳向左前方上步呈高虛步，劍尖指向圓心，如圖 3-38 至 39。

圖 3-38

圖 3-39

（2）上動不停，先右腳下落貼地行，然後左腳提起貼右腳踝扣腳蹚步前行，如此往復共 5 步或 7 步，弧形蹚泥走轉一圈，劍尖指向圓心，劍指架於額左前方，目視圓心，如圖 3-40 至 41。

圖 3-40   圖 3-41

動作要領：穿劍撤步時充分展現八卦身法的靈活與協調，走轉蹚泥時充分展現八卦蹚泥步之特點，邁步時劍尖始終指向圓心，重心平穩，不能起伏。

18. 烏龍擺尾（弓步反穿劍）

動作方法：

（1）接上動，左腳扣腳尖上步
與右腳尖齊，右手持劍反雲劍，如
圖 3-42。

圖 3-42

（2）上動不停，右腳撤步成左弓步，右手持劍貼身向右反穿劍，力達
劍尖；同時，左手劍指貼身向身體左後方穿出，劍指與劍身成一直線，目
視劍穿出方向，如圖 3-43。

圖 3-43

動作要領：反雲劍與扣步同時進行，力達劍脊；反穿劍與撤步同時進
行，劍須貼身穿出，力達劍尖。

19. 老龍抖甲
    （馬步抖劍）

動作方法：

（1）接上動，左腳尖內扣成馬步，右手持劍轉至掌心向前，左手劍指與右臂成一直線，如圖 3-44。

圖 3-44

（2）上動不停，以腰胯帶動全身抖動 3 到 5 次，目視正前方，力達左手劍指和劍尖，如圖 3-45。

動作要領：抖劍時含胸拔背，虛領頂勁，腰胯合一，兩臂成一直線，節節貫穿，鬆活彈抖。

圖 3-45

20. 袖裡藏針（三體式崩劍）

動作方法：

（1）接上動，身體右轉，右腳提起迅速落地震腳，左腳迅速收至右腳踝處成右雞形步；同時，左手劍指變掌在身前由左向右拍掌橫擊，右手持劍回抽貼於右胯藏劍，目視左掌，如圖 3-46。

圖 3-46

（2）上動不停，左腳前落，右腳迅速跟進成左小三體式；同時，雙手持劍向前刺劍崩出，力達劍尖，目視劍刺出方向，如圖 3-47。

動作要領：震腳與橫擊掌同時；上步三體式與崩劍同時完成。

圖 3-47

21. 金鉤倒提
（扣腿挑把）

動作方法：雙手持劍撩腕花，做動作時，先退左步，後退右步，再退左步，當退至第四步時，迅速將左腳腳背扣於右腿膝窩處；同時右腿微屈，身體後仰成反弓形，雙手將劍倒提，力達劍鐓，如圖 3-48 至 49。

圖 3-48

動作要領：提撩劍舞花和退步需協調配合；舞花時劍貼近身體呈立圓，退步速度要快。

圖 3-49　　　　圖 3-49（側面）

22. 轉身削枝（虛步平斬劍）

動作方法：接上動，擺左腳上步蹬地轉身180度貼地後躥，右腳扣腳約45度落地後身體後坐成左虛步；同時，雙手持劍雲劍後向左前方削劍，力達外側劍刃前三分之一處，目視劍削出方向，如圖3-50至51。

圖 3-50

圖 3-51

動作要領：上步轉身與雲劍同時完成，虛步與斬劍同時完成；勁力脆整，放長擊遠。

23. 橫空出世（騰空後斬劍）

動作方法：

（1）接上動，左腳下落後以腳跟為軸內扣，右腳外擺，縱身跳起向右旋轉 180 度，順勢右手單手持劍向後平斬，掌心向上，力達劍刃外側三分之一處，左手劍指後指，目視前方，如圖 3-52 至 53。

圖 3-52

圖 3-53

（2）上動不停，以右手腕為軸劍尖由前向後劃弧後由下向上撩崩劍，力達劍刃；同時，左手劍指架於頭後上方，落步呈左歇步，兩眼向前平視，如圖 3-54。

動作要領：身體旋轉騰空與平斬劍同時完成，身械合一；跳起斬劍時騰空要高遠，崩劍與歇步同時完成。

圖 3-54

第二段

24. 喜鵲蹬枝

（點腿側點劍）

動作方法：

（1）接上動，兩腳蹬地起身後，雙手持劍逆時針絞劍半周後，右手持劍向右側後方平點劍，力達劍尖外側；同時，左手劍指向左後方指出，左腳尖向左後方點出，力達腳尖，如圖3-55至56。

動作要領：絞劍時以腰帶臂，以臂帶手；平點劍與點腿同時發力，身械合一。

圖 3-55

圖 3-56

圖 3-56（正面）

25. 倒提竹籃（登山步提劍）

動作方法：接上動，左腳下落，右腳自然跟步成登山步；同時，右手倒提劍，劍把向上，左手劍指向斜上指，眼向右後方平視，如圖 3-57。

圖 3-57

圖 3-57（正面）

動作要領：提劍與登山步須同時完成。

26. 金雞食米
（高虛步點劍）

動作方法：

（1）接上動，起身右轉，上左步雙手持劍左右剪腕花；同時，提起右腳至左腳踝處成左雞形步，如圖3-58至59。

圖3-58　　　　　　圖3-59

（2）上動不停，雙手持劍迅速向前下方點劍；同時，右腳震腳下落，左腳上步成左高虛步，力達劍尖，目視點劍方向，如圖3-60。

動作要領：上步與舞花要協調；點劍與震腳同時完成，力達劍尖。

圖3-60

27. 懸崖勒馬（蓋步帶劍）

動作方法：接上動，雙手持劍先外後內撩腕花後向右後帶劍，劍身貼近右臂；同時，右腳向左前方上步成右蓋步，重心在後（左）腿上，目視左前方，如圖 3-61 至 62。

圖 3-61　　　　　　　　　　　　圖 3-62（正面）

動作要領：撩腕花時劍身應貼近身體；向右後帶劍和蓋步同時完成，力達劍身外側。

28. 猛虎出柙（三體式劈劍）

動作方法：緊接上動，左腳向左前方上一大步，右腿迅速跟步成左三體式；同時，雙手持劍以腰帶臂向左前下方順勢斜肩鏟背劈出，刀達劍刃，目視劍劈出方向，如圖 3-63。

圖 3-63

動作要領：劈劍發力與前腳落地同時完成，前腳上步要大，後腳跟步要快，向前劈時要有向前下方推銼之力。

29. 秋風敗葉（轉身平掃劍）

動作方法：接上動，左腳扣腳落於右腳正前方，右腿向左腿後插步，身體隨之右轉；同時，右手持劍向後順時針掃一週，掌心向下，力達劍刃外側，左手劍指與右臂成一直線，目視掃劍方向，如圖 3-64 至 65。

圖 3-64

圖 3-65

動作要領：叉步與掃劍同步，身械合一。

30. 敗中取勝（叉步後刺劍）

動作方法：緊接上動，扣左腳上步，左手背後接劍，如圖 3-66；左手持劍在頭左前上方雲劍，然後左腿向後叉步；同時，兩手反抱劍向後上方平刺，目視劍尖刺出方向，如圖 3-67 至 68。

圖 3-66　　　　　　　　　　　　圖 3-67

圖 3-68　　　　　　　　　　　　圖 3-68（正面）

動作要領：左手接劍與上左步同時完成；向後上方平刺劍與叉步同時完成，力達劍尖。

31. 猛虎出柙（三體式劈劍）

動作方法：

（1）左腳外擺上步，雙手持劍在額前上方逆時針旋轉；同時迅速上右步扣腳向左平轉 180 度，雙手倒把握劍，如圖 3-69 至 70。

圖 3-69

圖 3-70

（2）上動不停，雙手持劍身體繼續左轉 180 度雲劍後，左腿提起經腳踝向左前方上一大步成左三體式；同時雙手持劍向左前方劈劍，目視劍身，如圖 3-71 至 72。

圖 3-71   圖 3-72

動作要領：倒把時手不離劍把，身劍合一，劍隨身行，倒把握劍、雲劍與上步轉身協調一致；劈劍與上左三體式同時完成，力達劍刃。

32. 順風扯旗（蹬腿後帶劍）

動作方法：接上動，左腳上半步，雙手持劍貼身向右後帶；同時右腿由屈到伸向前蹬擊，力達腳跟，目視帶劍方向，如圖 3-73。

動作要領：蹬踹腿與帶劍須同時完成；帶劍時劍脊貼近右臂。

圖 3-73

33. 力劈華山1（登山步劈劍）

動作方法：接上動，右腿向前落步成右登山步，雙手持劍順勢以腰帶臂向前下劈，力達劍刃，目視劍劈出方向，如圖 3-74。

圖 3-74

動作要領：落步與劈劍同時完成。

34. 力劈華山2
（三體式劈劍）

動作方法：

（1）緊接上動，身體重心前移，左腳蹬地上步後迅速貼地前躥，右腳抬起；同時，雙手持劍貼右臂外側向後帶劍，如圖 3-75。

圖 3-75

（2）上動不停，右腳前落，左腳迅速跟進成右三體式；同時，雙手持劍向前下劈出，力達劍刃，目視劍劈出方向，如圖3-76。

動作要領：左腳上步與前躥銜接緊密，躥步帶劍協調一致，身體重心移動要快；劈劍與右三體式同時完成。

圖 3-76

35. 白蛇吐信

（後點腿平刺劍）

動作方法：接上動，重心移至右腿後右腳內扣，身體左轉轉身，雙手持劍先內轉，至右掌心向外立劍後在額前上方雲劍，之後下落至胸腹位置，捧劍迅速向前上方平刺出，掌心向上，力達劍尖，目視劍尖刺出方向；同時，右腿自然直立支撐，左腿向後蹬點，力達腳尖，如圖3-77至79。

圖 3-77   圖 3-78

圖 3-79

動作要領：扣腳轉身要快，雲劍與轉身同時；刺劍與蹬腿前後相爭同時發力。

36. 猛虎出柙（三體式劈劍）

動作方法：

（1）接上動，左腿回收，腳背繃緊向後上方提小腿，身體呈反弓；同時，雙手持劍向內轉，劍尖向下劍把向上向左格擋，如圖 3-80。

圖 3-80

　　（2）上動不停，雙手持劍，雲劍約 270 度後從頭右斜上方向左前下方
斜劈出；同時，左腳向左前方上一大步成左三體式，目視劍劈出方向，如
圖 3-81 至 82。

圖 3-81　　　　　　　　　　　　　　　　　圖 3-82

　　動作要領：格擋劍時可以腰胯帶動全身發力；雲劍時立劍，以劍脊的
中部為著力點；劈劍與三體式同時完成。

37. 並步擔擔
（並步平刺劍）

動作方法：

（1）接上動，身體右轉扣腳，雙手持劍內轉至右掌心向下後，向後平掃180度，如圖3-83。

圖 3-83

（2）上動不停，雙手持劍在身體右側反雲劍後收至腰的右側，右掌心向下，右手持劍向右前方平刺，掌心向下；同時，右腳向前半步，左腳迅速跟步成並步，左手成立劍指（或掌）向左推出，與刺劍在同一平面上呈直線，目視劍刺出方向，如圖3-84至85。

圖 3-84　　　　　　　　　　　　　圖 3-85

動作要領：反雲劍時身體側傾，目視劍身前三分之一處；並步和平刺同時完成，刺劍時力達劍尖。

38. 金剛挑簾（虛步上撩劍）

動作方法：接上動，雙手持劍先外後內撩腕花後上挑劍；同時，先提右腳後震腳成左高虛步，力達劍刃，目視前方，如圖 3-86 至 87。

動作要領：身械合一，撩腕花時劍身貼近身體；震腳與挑劍同時完成。

圖 3-86　　　　　　　　　　　　　圖 3-87

39. 金雞食米（虛步點劍）

動作方法：

（1）接上動，左腳落實，右腳提起至左腳踝處，雙手持劍先內後外剪腕花，如圖 3-88 至 89。

（2）上動不停，雙手持劍向前下方點劍，力達劍尖；同時，右腳迅速震腳下落，成高虛步，目視劍點出方向，如圖 3-90。

動作要領：身械合一，剪腕花時劍身貼近身體；震腳與點劍同時完成。

圖 3-88

圖 3-89

圖 3-90

第三段

40. 金鈎倒提（扣腿挑把）

　　動作方法：接上動，雙手持劍撩腕花後身體右後轉180度，左腳背扣於右膝蓋窩處，身體成反背弓形；同時雙手持劍在頭後方向上挑把，力達劍鐏，目視劍鐏，如圖3-91至93。

　　動作要領：轉身時身械合一；轉身獨立與挑把同時完成。

圖 3-91

圖 3-92

圖 3-93

41. 點石成金（開步點劍）

動作方法：接上動，左腳向左前方落步，與右腳平行，兩腳間距與肩同寬，或略寬於肩、雙手持劍身右側剪腕花後在身前點劍，力達劍尖；同時，兩腿微屈，重心下沉，目視點劍方向，如圖 3-94。

圖 3-94

動作要領：剪腕花時貼近身體，點劍時提腕。

42. 袖裡藏針1（雞形步崩劍）

動作方法：

（1）接上動，左腳先向右前方橫腳上一小步，然後右腳迅速向前上步，雙手持劍先右後左撩腕花後貼右臂右後帶劍；同時收左腳與右腳腳踝處成雞形步，如圖 3-95 至 97。

圖 3-95

圖 3-96

圖 3-97

（2）上動不停，迅速上左步雙手持劍向前崩劍，高與心口齊，兩小臂微屈，後腳迅速收至左腳踝處成雞形步，力達劍尖，目視劍尖刺出方向，如圖3-98。

動作要領：雞形步與腕花、帶劍協調統一；崩劍發力與左雞形步同時完成。

圖 3-98

43. 袖裡藏針2（三體式崩劍）

動作方法：

接上動，右腳上步，左腳收於右踝關節處成雞形步；同時，雙手持劍向後帶劍，如圖3-99。

圖 3-99

（2）上動不停，上左腳跟右腳
成左小三體式；同時，雙手持劍向
前崩劍，高與心口齊，如圖3-100。

動作要領：帶劍與雞形步同時，
崩劍發力與左腳落地同時；右腳跟步
要快。

圖 3-100

44. 金雞聽風（雞形步藏劍）

動作方法：接上動，撤右腳收
左腳，身體左轉60度左右成雞形
步；同時，右手持劍貼身抽回至體
右側，左手劍指向左前方指出（或
裡橫掌），目視左前方，如圖3-101
或3-102。

動作要領：雞形步與藏劍同時；
藏劍須貼身。

圖 3-101

圖 3-102

45. 翻花舞袖
（左右掛劍）

動作方法：

（1）接上動，左腳上步，右手持劍向後帶劍，左手劍指前指，如圖 3-103。

圖 3-103

（2）上動不停，身體左轉，左腿先提起後外擺下落，左手持劍向上、向下，再向上呈立圓掛劍；同時，左劍指收回與右臂交叉貼右肩向上穿出，眼隨劍走，如圖 3-104 至 3-105。

圖 3-104

圖 3-105

（3）上動不停，上右步，再上左步，右手持劍向下向後呈立圓掛劍；同時，劍指前指，眼隨劍走，如圖3-106。

動作要領：掛劍須呈立圓，力達劍刃內側；上步與掛劍協調一致，左手劍指與持劍手配合，動作舒展大方。

46. 翻江倒海
（翻身掛劍）

動作方法：緊接上動，先上右步繼續掛劍，然後左腿迅速後叉翻身掛劍，如圖3-107至109。

動作要領：翻腰時身體後仰，掛劍呈立圓，身械合一。

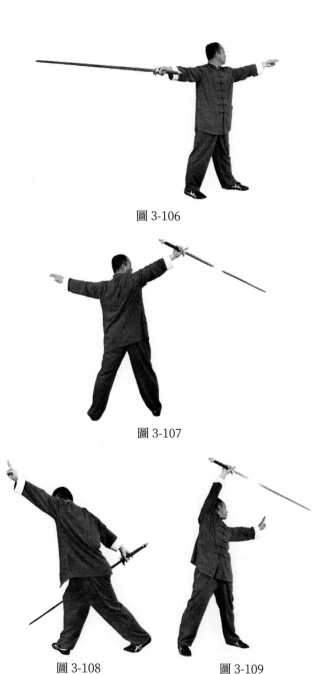

圖 3-106

圖 3-107

圖 3-108   圖 3-109

47. 袖裡藏針1（雞形步崩劍）

動作方法：接上動，上右步後提左腳成雞形步，同時雙手持劍剪腕花後向後抽劍，然後迅速向前崩劍，如圖 3-110 至 111。

圖 3-110

圖 3-111

動作要領：上步與腕花協調統一，落步與崩劍同時完成；後腳跟步要迅速，目視劍刺出方向。

48. 袖裡藏針2（小三體式崩劍）

動作方法：緊接上動，先上右步，後上左步成左小三體式或並步；同時，雙手持劍先向後帶劍後向前崩出，力達劍尖，眼隨劍走，定勢時目視劍刺出方向，如圖3-112至113。

動作要領：上步與帶劍協調一致；崩劍發力與小三體式同時完成。

圖 3-112

圖 3-113

49. 撥雲絞海（上雲下撥劍）

動作方法：接上動，身體向右微轉，右手持劍先在頭前上方雲劍後在身前逆時針劃圓平撥劍；同時，左手與右手雲撥劍協調配合，眼隨劍走，力達劍脊，如圖3-114至117。

動作要領：上雲劍時立劍劃平圓，力達劍脊；下撥劍時立劍劃圓，以腰帶臂，以臂帶劍，身械合一。

圖 3-114

圖 3-115　　　　　　　　　　　　　圖 3-116

圖 3-117

50. 旁敲側擊（獨立側點劍）

動作方法：接上動，右手持劍繼續順時針雲劍，之後向左平點劍，掌心向上；同時左腿提起成獨立式，左劍指架於頭左上方，上身稍右傾，力達劍尖內側，目視劍點出方向，如圖 3-118 至 3-119。

動作要領：點劍與提膝獨立、左劍指上架同時完成；側點劍時以腰帶臂，以臂帶劍，身劍合一，重心要穩。

圖 3-118

圖 3-119

圖 3-119（正面）

51. 魁星點斗（獨立反刺劍）

動作方法：

（1）接上動，右手持劍先逆時針絞劍，然後左腳前落；同時，以頭領身，身體呈反弓形，左手指附於右手手腕內側，如圖 3-120。

圖 3-120

（2）上動不停，右腿向後撤
步，右手持劍外側剪腕花，由上向
下掄劈後立劍經後向上呈立圓反向
向左前下方刺出，掌心向外，力達
劍尖；同時，左手劍指（或掌）向
下劃弧後收至右手手腕內側，左腿
提膝成獨立步，目視劍尖刺出方
向，如圖 3-121 至 3-122。

動作要領：翻身時身體反弓，
劍尖方向不變；反刺劍與提膝同時
完成，過程中須身械合一，眼隨
劍走。

圖 3-121

圖 3-122（正面）

圖 3-122（背面）

第四段

52. 行雲流水（弧形步撩劍）

動作方法：

（1）接上動，左腳向左前方上步，緊接著右腳向前上步落於左腳前方；同時，右手持劍從上經後從下向上撩出，左手劍指與右手協調配合，力達劍刃，圖 3-123 至 3-124。

圖 3-123

圖 3-124

（2）上動不停，左腳向右前方扣腳上步，緊接著右腳向前上步，如此行3步或5步；同時，劍呈立圓向後帶劍後由下向前撩出，左手劍指與右手協調配合，如圖3-125至126。

動作要領：身械合一，上步與撩劍協調一致，眼隨劍走，充分展現劍如游龍的特點。

圖 3-125　　　　　　圖 3-126

53. 燕子穿雲
　　（騰空上刺劍）

動作方法：接上動，右腳尖外擺，上步騰身跳起，左腿提膝在空中成獨立步；同時，右手持劍向後劃弧掄劈後由下向上刺出，左手劍指由前向後劃弧後向下指，與上刺劍形成反作用力以助上刺之力，力達劍尖，眼向左前方平視，如圖3-127至3-129。

圖 3-127

圖 3-128

圖 3-128（正面）　　　　圖 3-129　　　　　　圖 3-129（正面）

動作要領：上步騰身要迅速，起跳要高；提膝與上刺劍同時完成。

54. 燕子抄水（仆步反穿掌）

動作方法：緊接上動，右腿與左腿先後落地，左腳向左前方落步僕直，右腿下蹲成左仆步，右手持劍下落內轉至掌心向下；同時，左手劍指或掌反向從腰間穿出，如圖 3-130。

圖 3-130

動作要領：左腿僕直，右腿全蹲，劍指與劍成一條直線。

55. 袖裡藏針（三體式崩劍）

動作方法：接上動，左手與右手合握劍柄持劍向左前方崩劍；同時，右腳迅速跟步，成左小三體式，如圖 3-131。

圖 3-131

動作要領：崩劍與三體式同時完成，力達劍尖。

56. 移形換影（丁步下撥劍）

動作方法：接上動，左腳向左後撤半步，右腳收回輕點地面成丁步，重心在左腿；同時，右手持劍在身體右側逆時針劃弧下撥，力達劍脊中下部，左手劍指（或掌）架於頭左上方，如圖 3-132。

動作要領：後撤丁步與下撥劍同時完成。

圖 3-132

57. 順水推舟（三體式平刺劍）

動作方法：接上動，右腳上步左腳跟步成右小三體式；同時，右手持劍順時針劃弧絞壓後雙手捧劍手指向前平刺，掌心向上，力達劍尖，目視劍刺出方向，如圖 3 133。

動作要領：右腳上步貼地，重心平穩，後腳跟步要快；刺劍與右小三體式同時完成。

圖 3-133

58. 金雞蹬枝（蹬腿平刺劍）

動作方法：

（1）接上動，左腳尖外撇上步，右手持劍逆時針旋轉至右掌心向後外分；同時，左手劍指外分，如圖 3-134。

圖 3-134

（2）上動不停，右腿提膝後向前上方蹬出，力達腳跟，身體略後仰；同時，右手持劍弧形下落至腰腹處，掌心向上，左手劍指變掌，雙手捧劍向前上方刺出，力達劍尖，目視劍尖刺出方向，圖3-135。

動作要領：刺劍和蹬腿須同時完成；左腿支撐要穩。

圖 3-135

59. 烏龍擺尾（弓步反穿劍）

動作方法：接上動，右手持劍下落，左腳外撐，右腿下落，身體左轉後，左手劍指向後指，右手持劍立圓後擺至劍尖與劍指同一方向；緊接著右手指劍貼身反向向前穿出後成右弓步刺劍；同時，左手劍指，反向向後穿出後向後指，力達劍尖，目視劍尖刺出方向，如圖 3-136 至 3-138。

動作要領：穿劍和穿劍指時須貼身而行；撐身瞬間似鯉魚打挺，身械合一。

圖 3-136　　　　　　　　　　　　　圖 3-137

圖 3-138

60. 撥雲見日（三體式橫劍）

動作方法：

（1）接上動，左腳外擺，右腳向前扣腳上步，身體左轉180度；同時，雙手持劍在頭頂前上方雲劍，眼隨劍身，如圖3-139。

圖 3-139

（2）上動不停，身體繼續左轉後左腳向左前方上步成左三體式；同時，雙手持劍向左橫劍，右掌心向上，力達外側劍刃，目視劍身，如圖3-140。

動作要領：扣步轉身與雲劍同時，橫劍與左三體式同時完成；雲劍與橫劍一氣呵成，力由腰脊發出。

圖 3-140

61. 蘇秦背劍（右弓步背劍）

動作方法：

（1）接上動，右腳外擺活步，身體向右轉180度；同時，雙手持劍平掃，如圖 3-141 至 3-142。

圖 3-141

圖 3-142

（3）上動不停，右腳向後撤步，右手持劍在頭前上方反雲劍後向下劃弧後向背後穿劍，劍脊貼於後背，右手持劍手背緊靠腰右側；同時，左手劍指向下劃弧後擺至右肩前後迅速向左前指出，目隨左手劍指路線至右肩後向左前方平視，如圖 3-143 至 3-144。

動作要領：雲劍與扣步轉身同時進行，背劍與弓步同時完成，身械合一，手眼相隨。

圖 3-143   圖 3-144

62. 提水式（三體式提劍）

動作方法：

（1）接上動，身體左轉，右手
持劍在頭頂前上方雲劍後，左手劍
指變掌接劍，目視接劍處，如圖
3-145 至 3-146。

圖 3-146　　　　　　　　　　　圖 3-145

（2）上動不停，左腳收至右腳
踝處成雞形步；同時，右手劍指後
指，左手持劍掌心向後，目視右手
劍指，如圖 3-147。

圖 3-147

（3）上動不停，左手提劍環抱於正前方，手腕高度與肩平，右手劍指由下向上經面前劃弧下落，附於左手腕內側；同時，左腳向前落步成左三體式，目視前方，如圖3-148。

動作要領：雲劍與接劍銜接連貫，重心要穩；三體式與提劍同時完成。

圖 3-148

收勢

動作方法：

（1）接上動，身向右轉，右腳活步，左手持劍於小臂後側，掌心向後；同時，右手劍指向右指出，目隨劍指，如圖3-149。

圖 3-149

（2）上動不停，身體左轉，劍指內轉至掌心向外，頭迅速左擺；同時，左手小臂微屈倒提劍，掌心向後兩眼向左平視，如圖 3-150。

圖 3-150

（3）左手提劍自然下垂，頭擺正，目視前方；同時，劍指向右向下劃弧下落變掌垂於大腿外側，如圖 3-151。

動作要領：並步擺頭時先眼隨右手劍指，後擺頭向左前方平視，上下協調一致，含胸拔背，精神飽滿。

圖 3-151

《第四章　歷代關於劍術論著和詩詞摘錄》

第一節　論著

1. 《莊子·雜篇·說劍》 ── 作者：莊子　春秋

　　昔趙文王喜劍，劍士夾門而客三千餘人，日夜相擊於前，死傷者歲百餘人，好之不厭。如是三年，國衰。諸侯謀之。

　　太子悝患之，募左右曰：「孰能說王之意止劍士者，賜之千金。」左右曰：「莊子當能。」

　　太子乃使人以千金奉莊子。莊子弗受，與使者俱往，見太子曰：「太子何以教周，賜周千金？」太子曰：「聞夫子明聖，謹奉千金以幣從者夫子弗受，悝尚何敢言。」

　　莊子曰：「聞太子所欲用周者，欲絕王之喜好也。使臣上說大王而逆王意，下不當太子，則身刑而死，周尚安所事金乎？使臣上說大王，下當太子，趙國何求而不得也！」太子曰：「然，吾王所見，唯劍士也。」莊子曰：「諾。周善為劍。」太子曰：「然吾王所見劍士，皆蓬頭突鬢，垂冠，曼胡之纓，短後之衣，瞋目而語難，王乃說之。今夫子必儒服而見王，事必大逆。」

　　莊子曰：「請治劍服。」治劍服三日，乃見太子。太子乃與見王，王脫白刃持之。莊子入殿門不趨，見王不拜。王曰：「子欲何以教寡人，使太子先？」

　　曰：「臣聞大王喜劍，故以劍見王。」王曰：「子之劍何能禁制？」曰：「臣之劍，十步一人，千里不留行。」王大悅之，曰：「天下無敵矣。」

　　莊子曰：「夫為劍者，示之以虛，開之以利，後之以發，先之以至，願得試之。」王曰：「夫子休，就舍待命，令設戲請夫子。」

王乃校劍士七日，死者六十餘人，得五六人，使奉劍於殿下，乃召莊子。王曰：「今日試使士敦劍。」莊子曰：「望之久矣！」王曰：「夫子所御杖，長短何如？」曰：「臣之所奉皆可。然臣有三劍，唯王所用，請先言而後試。」

王曰：「願聞三劍。」曰：「有天子劍，有諸侯劍，有庶人劍。」王曰：「天子之劍何如？」曰：「天子之劍，以燕溪石城為鋒，齊岱為鍔；晉衛為脊，周宋為鐔，韓魏為夾；包以四夷，裹以四時；繞以渤海，帶以常山；制以五行，論以刑德；開以陰陽，持以春夏，行以秋冬。此劍直之無前，舉之無上，案之無下，運之無旁。上決浮雲，下絕地紀。此劍一用，匡諸侯，天下服矣。此天子之劍也。」

文王芒然自失，曰：「諸侯之劍何如？」曰：「諸侯之劍，以知勇士為鋒，以清廉士為鍔，以賢良士為脊，以忠聖士為鐔，以豪桀士為夾。此劍直之亦無前，舉之亦無上，案之亦無下，運之亦無旁。上法圓天以順三光，下法方地以順四時，中和民意以安四鄉。此劍一用，如雷霆之震也，四封之內，無不賓服而聽從君命者矣。此諸侯之劍也。」

王曰：「庶人之劍何如？」曰：「庶人之劍，蓬頭突鬢，垂冠，曼胡之纓，短後之衣，瞋目而語難。相擊於前，上斬頸領，下決肝肺。此庶人之劍，無異於鬥雞，一旦命已絕矣，無所用於國事。今大王有天子之位而好庶人之劍，臣竊為大王薄之。」

王乃牽而上殿，宰人上食，王三環之。莊子曰：「大王安坐定氣，劍事已畢奏矣！」於是文王不出宮三月，劍士皆服斃其處也。

2.《吳越春秋·勾踐陰謀外傳·越女論劍》—— 作者：趙曄　東漢

越王又問相國范蠡曰：「孤有報復之謀，水戰則乘舟，陸行則乘輿，輿舟之利，頓於兵弩。今子為寡人謀事，莫不謬者乎？」范蠡對曰：「臣

　　聞古之聖君，莫不習戰用兵，然行陣、隊伍、軍鼓之事，吉凶決在其工。今聞越有處女出於南林，國人稱善。願王請之，立可見。」越王乃使使聘之，問以劍戟之術。

　　處女將北見於王，道逢一翁，自稱曰袁公。問於處女：「吾聞子善劍，願一見之。」女曰：「妾不敢有所隱，唯公試之。」於是袁公即拔箖箊竹。竹枝上枯槁，未折墮地，女即捷末。袁公操其本而刺處女。處女應即入之，三入，因舉杖擊袁公。袁公則飛上樹，變為白猿。遂別去。

　　見越王，越王問曰：「夫劍之道則如之何？」女曰：「妾生深林之中，長於無人之野，無道不習，不達諸侯。竊好擊之道，誦之不休。妾非受於人也，而忽自有之。」越王曰：「其道如何？」女曰：「其道甚微而易，其意甚幽而深。道有門戶，亦有陰陽。開門閉戶，陰衰陽興。凡手戰之道，內實精神，外示安儀，見之似好婦，奪之似懼虎，布形候氣，與神俱往，杳之若日，偏如騰兔，追形逐影，光若佛仿，呼吸往來，不及法禁，縱橫逆順，直復不聞。斯道者，一人當百，百人當萬。王欲試之，其驗即見。」越王大悅，即加女號，號曰「越女」。

　　乃命五校之隊長、高才習之以教軍士。當此之時皆稱越女之劍。

3. 《渾元劍經》── 作者：畢坤　明代

　　《渾元劍經》為道家劍仙修練典籍，介紹了三步睡、六字訣、行走三字訣、練劍先開七竅、氣貫周身等原理以及修行方法。其中包括：三十六宮跳步圖式、圖說、練眼、練手、練身（紫霄形化二十八式法門）、九宮三十六式；劍破劍、劍破棍、劍破槍等兵器要義；練步、練招、飛罡文、天清咒、飛騰祕篆等。以下節選部分以饗讀者。

〈內外篇序〉

　　劍者，決也，斷也。必內而決七情，斷凡息，內三寶得以渾化而至於

純陽，此內而劍學之築基，內殼通而堅實也。尤當外而決灰心，斷聲跡，加之以招式變化之奇，以夕朝時習，外三寶得以渾成，而至於柔剛，此外而劍法之暗練，外殼注而靈穩也。至如近世所學之劍，以舞之者，類皆皮毛中皮毛，浮之至淺而至鄙者也。昔伏牛氏祖云：果爾志向上，當先靜以築其基，存之深養之熟，內外三寶合一，渾化歸一。正所謂：內外全無渣滓質，養成一片紫金霜。陰陽造化都歸我，變動飛潛各有常。

〈飛罡文〉

掃除不詳，普渡仙航。梯天超海，如遁如藏。呼靈虛位，遣役諸方，雷霆霹靂，如掣電光。干支造化，靈集中央，陰陽五行，周天在握。日精月華，吞入丹舍。探取天根，真息生春。玄黃渾合，遍體更新。筋骨皮肉，來復乾坤。助道助法，賜我靈真。綿綿大力，默默通神。北七南六，隨在護臨。急早送靈來，急早送靈來。嘩吽咔，嘿哈臻。閃者，進退如電之急也。其法，擇每月紅虎黃鼠日時，向本辰罡方，朱書（符）飲一道；再向北斗真方，莫持一點天清之咒，九次。咒完靜片時，再習步式招數一度。未習之先，有告文一個，秉心朗詠數次，再演為要，久敬為主，不可梢涉怠志也。

〈劍髓千言〉

夫劍乃儒雅中之利器，有正直之風，和緩中銳鋒，具溫柔之氣，靈則通神，玄能入妙，飛來飛去，無影無蹤，作雲作雨，如虎如龍，變化莫測，轉展無窮。誅人間之惡黨，斬地下之鬼精，可破陣以攻城，隨手指點，草木皆兵；可防一身之害，資三捷之成，故珍為致寶，運可通神。光靈明而不昧，體剛健而長生，掃則霧消煙掩，揮去則石走雲崩。可避水火之災，入不溺焚；可解刀兵之亂，視如不見。

其為德亦若人也，資稟於陰陽爐火之煉，性成於元亨利貞之能，百折

不屈，九轉而形骸備。鑄冶始於神人，傳授依乎仙術，習貴專精，功宜百倍，非取天地之氣，無以培養人之本源；不吞日月之精，奚以輕身健體？非精足氣不能清，非氣足神不能靈。非內而精氣神、外而筋骨皮，渾成一片，身不能輕。將何以飛取雁書、遠逐鴻跡？

非如此何以通妙，而能超眾？能禦大敵，足稱萬兵之祖。故精足則戰耐久；氣滿則呼吸細；神清靜而圓融，則變化莫測。故曰：身完天下無敵手，劍完四海少敵兵。能此二者，方可超凡入聖境，庶幾馭眾為高明，勿負古人之留意、仙佛之苦衷！

習得形劍成於外，則劍氣備於內，是爾身心自有主。其為用也，可除災以斷水，可畫地以成河；斬七情、斷六慾而絕淫根；破異術，滅妖通以除惡黨。神智從生，豁古今於親目；謀猷克布，協治化以感通。儒之禦侮，以此而威行；道之降伏，以此而欲空；釋之真空，以此而功成。

夫劍氣即罡炁也。而宇宙之間，亦必恃此為化育，主宰生殺權宜。故學者業貴於精，心宜於謙，藝當熟習，志莫驕矜。外有三尺劍，內必籍五本以佐之，始保一身安閒，無事紛紜耳。再者，此物為仁人之珍寶，彼匪人之所畏，故好而知惡為貴。或徒負氣好勝，每生嫌隙。一旦欲勝乎理，小則魯莽償事，大則積愁成恨，反恨成狠，將禍延無已。此真好武中之惡習。

故劍法既成，尤當博閱天文、地理、人事、駁雜於中，在一番體認知改擇中，卑以身處之心。又或於澹定之候，靜以撫琴，涵養性真，化淨猛烈之習，效成一片溫和氣象。外人豈能知哉？目為武士，而有儒雅之風，稱為果儒，而有威嚴之度。故君子有三變，望之儼然，即之也溫，聽其言也屬，功用到此，謂文兼武全將相身，更必出處有道焉。試止以時，不以道殉身，亦不失機，勿貪為主，勿吝為先。如有欲習此者，詳言喻眾，莫為己私，化傳萬方，奠定國家，小則終保厥身，大則兼濟天下，啟可輕乎哉？試思昔有伯溫先生言：此天子氣也，十年之內，必都金陵，吾當負劍

從之。非明悉天文地理人事，善舞劍而能止戈者乎？更有善觀劍者風鬍子，善舞劍者李靖、伍員、吳季子等，孔門之季路善佩劍。於此觀之，劍為奇珍，自古唯然。其用非但主於玩器，其旨趣亦深焉耳。

望古遙企，得精祕傳者，不乏人矣。彼丈夫也，我丈夫也，吾何畏彼哉！必加一能己百，十能己千之力，甚勿空演招數。更須深參奧旨，方克許有為哉！

練劍莫先於練氣，練氣要首在於存神。存神之始功，根於固精。能此方可以論劍之練法，否則作輟之，鮮有成為完璧者。工夫貴勿剛勿緩，和平得中，且存且養，內外兼濟。直外便能和中，練形亦可長生。活動筋骨身輕靈，周身氣血力加增。由子至午鍛鍊外，自未至申靜息中。戌則吞斗持罡，運用水火，和合坎離，妙在築基，要乃清心寡慾。此入道之機、成道之具，豈可杳視？唯晝夜無間，則陰陽協理。呼吸定則靈光生，而三寶定位，同居其中。金丹日益，身法愈輕。昔唐太宗養劍士數百人，時或令舞，則諸士身共劍各飛。

若此神舞，神威足以勝人者，非此而何？

夫劍貴乘機以進，無隙則退。故奇正明，劍法成；精神全，神力猛。古語之「一聲嚇斷長江水」，乃威神並作也。既能如此，何患對敵難勝？非內外打成一片，難以飛而出快，妙而顯神。非真陰陽生，不能召天地之精氣神，歸入身心。唯氣結於根，久戰如未戰也。至於生威之道，在於存神。神能常存，久自生威。存神以固精為本。《聖經》云：知止止者，亦進攻退守之道也。進攻之道，見機而作；退守之道，忍辱為先。進退得宜，便為知止。若茫然而進與退，昧然而守與攻，非徒無益，恐招尤之媒來自面前，而昧已晚。是求榮反辱。

欲固守己身，多助敵資，良可惜也。故曰：戰勝一時，由於訓練千日功夫，豈偶然乎？

......

劍法又有：正奇正、奇正奇、奇中正、正中奇、奇中又奇、正而復正，六門之別，所宜別辨而熟演之。凡高勢雙勢為正，旁門低勢小勢為奇。低忽高，旁忽正，單化雙，奇中正，高忽低，正忽旁，雙化為單，正中奇，左腿為正，右腿為奇，剪並奇，飛步正，顛換步奇中正，丁字步正中奇，前弓勢奇中正，七星式正中奇，四平勢伏虎勢為正，釣魚問獻為奇，三揭為正中奇，齊眉劍為奇中正，刺猿劍為奇中奇，飛仙劍為正中正。是皆陰陽變化，尤當洞澈，可闡發而彰明。

論陰陽手法，陰來陽敵，陽來陰敵。若陽變陰、陰變陽，還得看他陰陽虛實之數。故曰：悉明天地盈虛數，便是伏牛親身傳。習至如此，乃能全身遠害，戰勝守固也。

......

巧從熟生，靈從快生，剛生於柔，智生於拙。非養得目有神光，（身有靈光，體有元光）難使敵一見生畏怯於心。非神光難禦亂敵。

（非有靈光，難疾勝勁敵。）非有元光，難臨大陣而耐久。靈光者，身外有紅光繚繞。神光者，目中有青蒼之氣，足以照遠出威。元光乃身外黃光閃爍，是內外功滿，毫無缺欠，渾光普照，無隙可乘。

唯目中劍內手上，更有一番穩準氣象，足使人畏。故敵人動得其咎。

學力至此，乃為練家，方不愧居其名，亦可留芳千古，令後世慨見而神警。故聞聲而懼者，因實稱其名，威感夙著也。此真向戰不持寸鐵，何待矢折而勝也耶？古之將帥，不勝之術者，以其訓練精細，百戰無敵，誰敢慢視哉？

又要訣曰：一精氣神，二剛柔力，三遐邇相當，四陰陽相濟，五劍逢雙刃與雙鋒，皆指其展轉靈根；若敵大刀共大戰，來回緊急隙間攻。

前所云六字訣，傳列於後 —— 提、催、靈、閶（音按）、妙、工。

此乃通天徹地功夫，宜得暇即用，久可卻疾，添益精氣，培補下元，活湧泉穴。此穴開通，則身中筋骨血絡，皆舒展自如，乃千古不宣之妙，宜當時習之即覺也。提者，自湧泉直上泥丸；催字，自天目中少停，繞頭三轉，自左而右；靈字，至玉枕，歸一度喉間；閭字，分入兩肩，從臂內降至十指尖，由手背上穿缺盆夾脊，橫穿前後心，降臍中少停；妙字，自腰眼小小穴三轉，少停至海底（再至丹田）氣海多住，降肛前腎後即會陰（海底）少住，至尾閭多住；工字，入環跳穴多住，至膝脛達湧泉，反上脛間，膝後多停，升到腎前九轉，至下田停住。九轉為滿，此坐功完也。

夫行走之間，更有三字訣，乃「清、靜、定」也。清字，存神泥丸，如水清月朗，風輕日暖；淨字，一氣到臍，思看取蓮花淨之意；定字一氣至海底停住，思如泰山之穩，外誘難撓，如松之茂，如秋陽之清暖，如露之含珠，月之浸水。其堅如剛，其柔如絮。再合而為一，自泥丸一想湧泉，渾渾澄澄，無礙無停，久則神光聚也。

氣愈下兮身愈輕，神居上兮心生靈。精常固兮法術行，形自空兮玄妙通。外固則內壯，心靜則神安。欲為人上人，且莫行捷徑。

工夫要在學愚魯，神常生兮心如腐。不見不聞身形固，不動不牽意誠篤。何非大效何非功，務遠貪高徒自誤。

出奇本乎平常，出妙由於拙笨。故匠之之誨人也，能使人以規矩，不能使人巧。善哉斯言也！且出快之要，非能接天地之呼吸、難至高超。欲得接外呼吸，當補內殼之三寶。凝堅而後，則目光清活圓潤，面見金色，乾中潤澤，周身若綿，聲音響中綿軟，此為內足之證。

外佐以練之功，久則風從足下生。到如此境界，方謂天根月窟常來往，三十六宮都是春。時乎可與天地通氣機，與仙人通言語，借日精月華以自補、合太極為一體、內外合一。

渾身有痛痠之處，痛是氣虛，痠是血虛，或氣血之不到，然猶有別。

皮裡肉外脂膜未淨者，痠多痛少；精虛損者、痛多痠少；氣血初暢之時，亦痛多痠少。痠中代麻木，或抽筋者，兩虛兼積寒溼，或偶感誤中風也。

嘗思天下之物，皆具靈氣，況人乎哉？人為萬物之首，受命而後性理咸備。果能從生後識開之侯，窒慾懲忿，使七情六塵，永息無生，則人心日死，而至灰揚，道心日明，以至純粹，則基乃固矣。

且心中各具七殼，尤得當訣以通，斯可矣。

七殼者：曰玄通、靈根、妙鑰、統真、通樞、涵神、洞幽，左輔元龍，右輔白虎。

玄通殼開，則甘露沒夜子時升於泥丸，每日午時，流貫周身，則皮膚鮮嫩。

靈根殼開，則先天之精，刻漆一粒，日夜生九十六粒，流走上下；久則皮潤澤生，光眼清爽，永無生眦、發熱發脹昏迷；雖數夜不眠，亦無倦怠，面色如金。有歌訣兩首為證：

一

　　一竅開時便通天，初時幽暗玄又玄，
　　靜侯靜待無煩惱，靈根洞開入九淵。
　　霹靂聲聲飛龍起，一片通明九重天。

二

　　此時天人合一體，便與天地通氣機，
　　可借精華補自己，靈神圓滿香寰宇。
　　根竅通時百竅通，此竅通時知天機。

妙鑰殼開：則心性含香，陽和遍體，而立主宰，外則芳氣襲人，身活如綿，發招捷速。

統真殼開：則目讀心契，理無畛域，虛靈圓滿，耳通真言。

通樞殼開：則身活骨輕，百節生胎，日夜不眠，永無怠倦。

涵神殼開：則氣無湧出，神生泥丸，普照湧泉。左目日也，右目月也，故日照臨下土。

洞幽殼開：目生真精，而天文地理奇偶之妙，變化之神，自然豁通於心矣。耳塞能通，清音可聆，役使勿停。

元龍白虎殼開：則周身三萬六千毛孔皆開，通天地之氣。功夫至此，周身氣候，節之運行，與天地無違，久則孔孔生胎，則外三寶始稱堅實，無六淫之感冒，可謂疾魔退矣。

夫練劍亦當先開七殼，再演外武功。火候有準，武備成道法明，所謂性命雙修者此也。平時貴飲白水，茶多傷神冷精，使陰陽未和，奚以剛柔相濟也？食宜淡，濃則濁，氣撓神，珍饈美味也，況肉食乎？非身心了無一病，何以神通絕技乎？五穀之氣，尚能損人，而況厚味乎？故嗜欲消一分，則道長一分；臭味薄一分，則心性明一分。

常叩大羅，則頭中風火油渣之氣漸消；常揉兩腿根之筋骨核，則筋脈漸長。

夫氣靈力長身輕之後，還須保養百日，方許試習。如隨養隨練，謂之抽筋扒骨，費力難成。如成之後，再力活靜息三百日，則三寶凝定矣。又詩云：精神凝結一團團，動靜之為貴自然。隨所往來無阻滯，任從指點合先天。又詩云：手眼身勿滯，敵難知我武。睛光威射人，甫不至於人。稍疏便有失，此為真起手。

大成之法，先須活步身。單演招對招，入妙致人，方不助於人也。

孫思邈之膽大心從，體用至矣。凡事依行，萬無一失，矧在技者哉？

怯敵己必受害，輕敵亦受其計。唯禦以膽敢，待以虛心。有膽敢則彼威自抑，有虛心則猝變堪防，庶免資敵致害。雖平時空演，亦如見敵一般。進退橫斜，步加穩準，體驗得深，習演得到。或無患臨場失志，猝變難隨也。

　　至若因變亦受，逸以待勞，或從之為進退，逆力以為揭獻。或柔以濟剛，陽以化陰，猝中含柔，緩中蘊剛。或寓進於退中，寄奇於偶內，虛中實而又虛，實中虛而更實。側伏引詐之機，涵於無形；注定圓照之神，寂於覺裡。蓄髮之前，繼發於已發之候，隨發於將發之形，必深造於此，方能對敵無隙。

　　《易》曰滿損謙益。尤必以有若無、實若虛之心，卑以自居，乃為妥要。若偶或稍漏一心，則憤恨之氣便起，是自取其亂之媒，斯為以藝累身。何其惑乎甚矣！

　　再動示之不動，進示之以退，可謂因人隨變。彼雖機妙，烏能災我哉！倘夙未細心，或疏茫動，敗有必然者。又有順逆誆呆，驕慢喜怒，動靜遠近，立行反霸擊神之策，要在因地制宜，因性施逆。

　　又曰：氣盈神靈則勝，氣欠神昏則敗。若平時技精兵練、聲名自著，要知異地人情之喜忌險曲，地勢之夷險寬窄，設防變外。知天則生剋造化之理悉，知地則山河進退之路熟，知風土則計策易決，知人情則引誘乃順。知此者，自能心在規矩之中，神遊規矩之外。

　　造詣如茲，詎能為所誤耶？

　　止戈之術，可備而弗用，豈可用而無備？故臨渴掘井，晚之已甚。

　　藝高慢敵，昧之至矣。故君子貴尊賢容眾，采群智以擇從，謙以自馭，敬以接人。柔中剛非愚柔，此處出全身渾形遠之道。群魔盡散，而高人義士得以近接也。故天時地利，不若人和。止戈之法，如斯而已。

　　是以慧筆揮來，乃見龍飛鳳舞。心壇授持乎人力，仙機闡天地幾絕之奇文，啟後覺由生之等級。雖《經》中奧蒂或有遺漏，而劍內奇觀已稱略備。果能依此，若閱星霜，當不見棄於天地。勿謂紙短情長，言多莫如言簡。若稟斯言，行難知易。練身要在練心，願從此乘為萬代遺規，相傳以綿綿不息也已。

噫！克於依行，繼傳不息者，抑亦觀難其人也。第謹筆之於楮，先生之面前，以待後學之取式。故將其中妙旨變式，備詳於後。特為三復致意，識者當勿忽諸爾。

4.《手臂錄》之〈劍訣〉與〈後劍訣〉—— 作者：吳殳　明末清初

〈劍訣〉

漁陽老人教余劍術，且曰：「此技世已久絕，君得之，慎勿輕傳於人。」余恐此技終致不傳，又顧念老人之語，故不著說而作訣焉。

長兵柄以木，短兵柄以臂，長兵進退手已神，短兵進退須足利，足如脫兔身如風，三尺坐使丈八廢。余擅梨花三十年，五十衰遲遇劍仙。

劍術三門左右中，右虎中蛇左曰龍。手前身後現刀勢，側身左進龍門亟；身前手後隱刀勢，側身右進虎門易。二勢用手身誘之，彼取我身手出奇；點者奇正亦能識，捨身取手主擊客。我退我手進我身，左翻右躍如獅擲。虎躍不入龍，龍翻不入虎，龍翻虎躍皆蛇行，直進當胸不可阻，左右進退有虛實，六法相生百奇出。彼退我乃進，彼退有奇伏；彼進我亦進，彼進乃窮蹙。撲身槍尖迫使發，死裡得生坐鐵屋，嘗以我矛陷我劍，矛多虛奇劍實戰，當其決命爭首時，劍短矛長皆不見。自笑學兵已白頭，初識囊中三尺練。

〈後劍訣〉

劍器輕清，其用大與刀異。劍訣實有所隱，恐古人之心，終致淹沒，故又作後劍訣一絕，微露之。劍術真傳不易傳，直行直用是幽元。

若唯砍斫如刀法，笑殺漁陽老劍仙。

5. 《武當劍法大全·劍法述要》 —— 作者：李景林　民國

劍道之道，全憑乎神，神足而道成。練精化氣，練氣化神，神練成

道，劍神合一，是近道矣。武當劍法，外兼各家拳術之長，內練陰陽中和之氣。習此道者，當以無漏為先。保精養氣，寧神抱一；同時學習內家拳為之基礎，基礎概立，然後練習劍法，方得事半功倍。蓋使劍亦如使拳，不外意氣為君，而眼法手法步法身法腰法為臣，是故令其閃展騰挪之輕靈便捷，則有如八卦拳。其虛領頂勁，含胸拔背，鬆腰活腕，氣沉丹田，力由脊發，則有如太極拳。而其出劍之精神，勇往直前，如矢赴的，敵劍未動，我劍已到，則又如形意拳也。

劍法十三勢

武當劍法，大別為十三勢。以十三字名之，即抽提帶格，擊刺點崩，攪壓劈截洗。亦似太極拳之掤履擠按，採列肘靠，前後進退，左顧右盼，中定也。此外另有舞劍，未有定式，非到劍術純妙不能學習，非口授面傳不能領會。

練劍之基本

一眼神，二手法，三身法，四步法。

練劍歌

頭腦心眼如司令，手足腰胯如部曲。內勁倉庫丹田是，精氣神膽須充足。內外功夫勤修練，身劍合一方成道。（注）丹田譬猶倉庫，蓄內勁之所也。身劍合一者，劍恍如其人肢體一部，凡其人之內勁能直貫注劍鋒，則其鋒不可犯也。

心空歌

歌曰：手心空，使劍活。足心空，行步捷。頂心空，心眼一。

練劍之精神

一膽力，二內勁，三迅速，四沉著。劍法之基本，外四要也。

劍法之精神，內四要也。內外精練，庶乎近焉。（注）內勁云示與變勁拙力不同，但無悠久之功夫，無正確之教練，無持久之毅力絕無成績可言。是練劍者長習內家拳以蓄內勁，內勁之云其所由來者漸，非一朝一夕所能致也。

用劍之要訣

用劍之要訣全在觀變（眼神），彼微動我先動（手法），動則變（身法），變則著矣（步法）。此四句皆在一個字行之，所為一寸七。

所謂險中險（膽力），即劍不離手（迅速），手不著劍是也（沉著）。

（注）劍為短兵器中之王，三面皆刃，故其用泠與單刀迴異，時下流行之劍法大率勵入刀法，雖劍光耀目，實類花刀，不足稱也。

6. 《〈八卦劍學〉今譯》 —— 作者：孫叔容

孫寶享八卦劍的道理，實出於八卦拳。要學此劍，應從八卦拳入手。

從來劍術都以拳術為基礎，未有善劍術而不精於拳術的。

八卦劍或名走劍，又名轉劍。或一劍一步，或一劍三四步。動作步法就是行走旋轉。譬如有直徑一丈的圓圈，執劍不動，身體環繞，或一周而返，或三五周而返，功夫純者或數十周而返。

八卦劍分正劍和變劍。正劍是按八綱而編作，就是八卦中的乾、坤、坎、離、震、艮、巽、兌，這是八卦劍中的正劍。每一卦又分數節。至於變劍，則是由正劍之理而變化無窮，但不出於八綱之外。

八卦劍在練法上，雖然是走轉圓圈，而方、圓、銳、鈍、曲、直各式都包含在其中。練到純熟以後，縱、橫，斜、正，上、下，內、外聯成一氣，便能隨心所欲，無往而不自得。練時在步法上，不外數學中圓內求八

邊之理，勾、股、弦之式。手法也不外八線中弧、弦、切、矢的道理。總之，全體無處不成一「○」而已。

八卦劍練劍要法八字走、轉、裏、翻、穿、撩、提、按，八字是練習八卦劍的主要方法。走，指行走的步法。轉，指左右旋轉。裏，指手腕往裡裹勁。翻，指手腕向外翻扭。穿，指左右前後上下穿擊。

撩，指或陰手或陽手往前後撩去，或半弧或圓形，因式而出之。提，指劍把往上提。按，指手心裡邊向下按。

八卦劍應用的主要劍法可分十個字，就是挑、托、抹、掛、扁、搜、閉、掃、順、截。現在分別說明如下：挑是手極力向外扭，往前去挑住敵人的手腕或手臂，如青龍返首式。托是手極力向裡裹，往前去托住敵人的手腕或手臂，如白猿托桃式。抹是將敵人的手腕或手臂用劍挑住或托住後，身體和劍或向左或向右走去。掛是敵人的劍已擊近自己的手腕或自己身體右邊時，用劍迎在敵劍上，屈回手臂，縮轉身體和劍一氣往回帶敵人的劍，隨帶隨出，看機會進擊對方。是敵人用手托住自己的左手臂，或其劍將要擊到左手臂時，我立即將左手臂往右手臂下面伸去，同時用劍向左手臂前面砍去。

搜是敵人的劍砍我上或下，我的劍應意在敵先，立即往敵人平腕或左或右，好像削物一樣，速去速回，迅急如電。閉是敵人的劍將出而未出的時候，迅速用劍堵住敵手，不使對方的劍出來。掃是上下掃，如敵人的手腕被我挑住，對方想變方法時，我急速用劍纏繞對方手腕，使他欲變而不能，叫上掃，如敵人用劍砍我裡腕或外腕時，應迅速縮身或左或右用劍望著敵人的腿像掃地一般砍去，叫下掃。順是敵人的劍向我擊來，我順著他的來勢將他引出，或敵人的劍將要抽回時，我順著他的去勢送入。應用順字時，不能強行進退，都要以意為之。截是敵人的劍擊來，我迅速用劍擋住敵人手腕或敵人的劍，不讓他得勢。不論在上、中、下三路哪處擋住都叫截。

第二節　詩詞

〈雜曲歌辭·俠客行〉

李白（唐）

趙客縵胡纓，吳鉤霜雪明。銀鞍照白馬，颯沓如流星。

十步殺一人，千里不留行。事了拂衣去，深藏身與名。

閑過信陵飲，脫劍膝前橫。將炙啖朱亥，持觴勸侯嬴。

三杯吐然諾，五嶽倒為輕。眼花耳熱後，意氣素霓生。

救趙揮金槌，邯鄲先震驚。千秋二壯士，烜赫大梁城。

縱死俠骨香，不慚世上英。誰能書閣下，白首太玄經。

〈觀公孫大娘弟子舞劍器行並序〉

杜甫（唐）

昔有佳人公孫氏，一舞劍器動四方。

觀者如山色沮喪，天地為之久低昂。

㸌如羿射九日落，矯如群帝驂龍翔。

來如雷霆收震怒，罷如江海凝清光。

絳唇珠袖兩寂寞，晚有弟子傳芬芳。

臨潁美人在白帝，妙舞此曲神揚揚。

與余問答既有以，感時撫事增惋傷。

先帝侍女八千人，公孫劍器初第一。

五十年間似反掌，風塵澒洞昏王室。

梨園子弟散如煙，女樂餘姿映寒日。

金粟堆前木已拱，瞿塘石城草蕭瑟。

玳筵急管曲復終，樂極哀來月東出。

老夫不知其所往，足繭荒山轉愁疾。

〈劍〉

李嶠（唐）

吾有昆吾劍，求趨夫子庭。白虹時切玉，紫氣夜干星。
鍔上芙蓉動，匣中霜雪明。倚天持報國，畫地取雄名。

〈劍客〉

賈島（唐）

十年磨一劍，霜刃未曾試。
今日把示君，誰有不平事？

〈浪淘沙〉

李煜（五代）

往事只堪哀，對景難排。
秋風庭院蘚侵階。
一任珠簾閒不捲，終日誰來。
金鎖已沉埋，壯氣蒿萊。
晚涼天淨月華開。
想得玉樓瑤殿影，空照秦淮。

〈春坊正字劍子歌〉

李賀（唐）

先輩匣中三尺水，曾入吳潭斬龍子。
隙月斜明刮露寒，練帶平鋪吹不起。
蛟胎皮老蒺藜刺，鸊鵜淬花白鷴尾。
直是荊軻一片心，莫教照見春坊字。
授絲團金懸簏敕，神光欲截藍田玉。
提出西方白帝驚，嗷嗷鬼母秋郊哭。

〈送劍與傅岩叟〉

辛棄疾（宋）

鏌邪三尺照人寒，試與挑燈子細看。
且掛空齋作琴伴，未須攜去斬樓蘭。

〈關大王單刀赴獨會〉

關漢卿（元）

三尺龍泉萬卷書，皇天生我意何如。
山東宰相山西將，彼丈夫兮我丈夫。

〈吟劍詩〉

洪秀全（清）

手持三尺定山河，四海為家共飲和。
擒盡妖邪掃地網，收殘奸宄落天羅。
東西南北敦皇極，日月星辰奏凱歌。
虎嘯龍吟光世界，太平一統樂如何！

第三節 關於劍的霸氣詩句節選

腰中鹿盧劍，可值千萬餘。

—— 漢樂府〈陌上桑〉

犀渠玉劍良家子，白馬金羈俠少年。

—— 隋‧盧思道〈從軍行〉

劍是一夫用，書能知姓名。

—— 唐‧李白〈悲歌行〉

秋霜切玉劍，落日明珠袍。

—— 唐‧李白〈白馬篇〉

延陵有寶劍，價重千黃金。

—— 唐‧李白〈陳情贈友人〉

倚劍增浩嘆，捫襟還自憐。

—— 唐‧李白〈郢門秋懷〉

寶書長劍掛高閣，金鞍駿馬散故人。

—— 唐‧李白〈猛虎行〉

別時提劍救邊去，遺此虎文金鞞靫。

—— 唐‧李白〈北風行〉

一身轉戰三千里，一劍曾當百萬師。

—— 唐‧王維〈老將行〉

俱邀俠客芙蓉劍，共宿娼家桃李蹊。

—— 唐‧盧照鄰〈長安古意〉

弓背霞明劍照霜，秋風走馬出咸陽。

—— 唐・令狐楚〈少年行〉

閃灼虎龍神劍飛，好憑身事莫相違。

—— 唐・呂岩〈絕句〉

逆胡未滅心未平，孤劍床頭鏗有聲。

—— 宋・陸游〈三月十七日夜醉中作〉

嘆防身一劍，壯圖濩落，建侯萬里，老境相將。

—— 宋・劉克莊〈沁園春〉

丈夫兒，倚天劍，切雲冠。

—— 金・元好問〈水調歌頭〉

每憶上方誰請劍，空嗟高廟自藏弓。

—— 明・高啟〈岳王墓〉

後記

　　各位武術界前輩和同仁，《形意八卦雙手劍》一書中的雙手劍套路從2013年初步創編至今天的出版已有八年多的時間，其間，本人結合平時雙手劍的教學實踐和學生在比賽及體育高考武術專項測試中發現的不足，對其內容逐步進行改進、完善。此套路劍法較為豐富，演練路線為直線與菱形路線相結合，且體用兼備，不失為雙手劍愛好者習練和比賽的良好選擇。此套路創編之初，自揣淺陋，並未敢有出書的想法，本想用於自練與教授身邊的弟子、學生，但在這幾年的武術比賽和許多活動中這個套路得到了眾多前輩的肯定和讚許，有許多雙手劍愛好者也表示非常喜歡，紛紛想學習這一雙手劍套路；同時，本人一直從事武術教學訓練，感覺好的東西就應該分享，況且只有著書立說才能把好的東西傳承下去，所以近幾年在雙手劍教學、訓練、比賽中不斷完善，加之不斷向武術界前輩和同仁請教，終於形成了現在的形意八卦雙手劍套路。

　　在《形意八卦雙手劍》一書出版之際，真誠感謝三位恩師多年以來對我的培養；感謝在創編和出版此書的過程中義父張希貴先生、鴛鴦門掌門姜周存先生對我的無私幫助和支持；感謝原國際武術聯合會技術委員會主任、北京武術隊總教練、中國武術九段吳彬老師和湖北省楚天學者特聘教授、武漢體育學院博士生導師【王崗】博士為本書作序、題字；感謝濰坊市武術協會的領導及社會各界對我的支持和幫助！也真誠感謝我的妻子韓玉霞女士、摯友譚國林和濰坊鄭氏口腔醫院院長鄭福光先生對我的鼎力相助。

　　因本人水準有限，誠望各位武術界前輩和同仁對本人的拙作提出寶貴

的意見和建議，也希望本人拙作能為中華傳統武術更好地傳承和弘揚拋磚引玉。同時，也期待更多更好的關於雙手劍的書籍出版，為喜愛雙手劍的武術愛好者提供更多、更好的參考，使雙手劍這一優秀傳統武術器械發揚光大。

劉龍昌

2021 年 3 月

附錄

作者與部分武術界前輩、好友合影留念

作者與原國際武術聯合會技術委員會主任、亞洲武術聯合會技術委員會主任、中國武術協
會副主席、北京武術院院長、北京武術隊首任總教練、中國武術九段、國家體育總局武術
研究院專家委員會委員吳彬先生（左一）

吳彬老師為本書題字、寫序

作者與原山西省武協副主席、山西省形意拳協會名譽會長、中華武林百傑、中國武術九段、中華渾元門創始人、義父張希貴先生（坐者）

作者與原山東省高校武協副主席、山東師範大學體育學院武術系主任、中國武術八段、鴛鴦門第二代掌門姜周存先生（坐者）

作者與山西省武術協會副主席、山西省形意拳協會主席、中國武術八段劉定一先生（右一）

作者與北京形意拳研究會原會長唐振榮（右一）和師父賈保壽先生（中間）

作者與山西省形意拳協會常委、車毅齋武館總教練、中國武術八段高寶東先生（右一）

作者與山西省形意拳協會顧問、中國武術八段布秉全先生（右一）

作者與中國尚氏形意拳研究會常務副會長、祕書長劉俊峰先生

作者與遼寧省形意拳研究會名譽會長、日本尚派形意拳研究會名譽會長、中國武術八段李宏先生（右一）

作者與山西省形意拳協會常委、宋氏形意拳名家翟起康先生（坐者）

2017年1月21日濰坊市武術協會形意拳研究會成立大會合影，作者（三排左一）

作者部分練功照

作者青年時期練功照

作者青年時期練功照

1997 年，作者在河北深州賽場

作者青年時期練功照

形意拳 —— 猴形

仙人指路

形意拳 —— 金雞上架

八卦掌 —— 鴻雁出群

八卦掌 —— 白蛇吐信

形意鞭桿 —— 截打

2000 年作者獲山東省首屆傳統武術比賽個人全能冠軍

作者 2009 年擔任澳門國際傳統武術養生節仲裁委員

作者與三位師父合影

作者與師父張尚民（坐者）合影

作者與師父周效文（坐者）合影

作者與師父賈保壽（坐者）合影

作者與部分學生、弟子合影

1994 年，原昌濰師專武術隊合影，恩師周效文（前排左四）、作者（前排左三）

1998 年師生合影，作者（後排右四）

2002 年比賽合影，作者（前排左三）

2010 年，作者（中間）講課

2011 年比賽合影

2012 年比賽合影，作者（前排中間）

2012 年比賽合影，作者（前排中間）

2013 年比賽合影，作者（前排中間）

2014 年比賽合影

2016 年比賽合影，作者（前排右二）

2017 年比賽合影，作者（左四）

2018 年比賽合影

2019 年比賽合影，作者（後排左三）

2020 年比賽合影，作者（後排左一）

2021 年比賽合影，作者（前排左一）

2022 年比賽合影，作者（前排左一）

師徒合影

師徒合影

師徒合影

作者公益培訓

作者業餘時間受邀培訓濰坊市直機關幹部

作者義務教授太極拳

作者（二排左四）為機關義務教授太極拳

作者（二排左五）在濰坊市武術協會形意拳培訓班任講師（二排左五）

作者在濰坊市武術協會形意拳段位套路培訓班任講師

作者在敬老院做養生功法公益培訓

2023 年作者任濰坊市武術協會組織的二級裁判員、二級社會體育指導員培訓班講師

作者劉龍昌在中國體育報的專欄

形意八卦雙手劍：

圖解動作 × 歌訣要領 × 完整套路，招式背後的能量流動，將武藝精神代代傳承

作　　者：劉龍昌

發 行 人：黃振庭

出 版 者：崧燁文化事業有限公司

發 行 者：崧燁文化事業有限公司

E-mail：sonbookservice@gmail.com

粉 絲 頁：https://www.facebook.com/
　　　　　sonbookss/

網　　址：https://sonbook.net/

地　　址：台北市中正區重慶南路一段六十一號八
　　　　　樓 815 室

Rm.815, 8F., No.61, Sec.1, Chongqing S.Rd.,
Zhongzheng Dist., Taipei City 100, Taiwan

電　　話：(02)2370-3310

傳　　真：(02)2388-1990

印　　刷：京峯數位服務有限公司

律師顧問：廣華律師事務所 張珮琦律師

-版權聲明

定　　價：350 元

發行日期：2024 年 01 月第一版

◎本書以 POD 印製

國家圖書館出版品預行編目資料

形意八卦雙手劍：圖解動作 × 歌訣要領 × 完整套路，招式背後的能量流動，將武藝精神代代傳承 / 劉龍昌 著 .-- 第一版 .-- 臺北市：崧燁文化事業有限公司 , 2024.01
面；　公分
POD 版
ISBN 978-626-357-779-4(平裝)
1.CST: 劍術
528.974　112017209

電子書購買

臉書

爽讀 APP